SULLY PRUDHOMME

Que sais-je?

EXAMEN DE CONSCIENCE

Sur l'Origine de la Vie terrestre

PARIS

ALPHONSE LEMERRE, ÉDITEUR

23-31, PASSAGE CHOISEUL, 23-31

NEW-YORK, 1127 BROADWAY

M DCCC XCVI

Que sais-je?

EXAMEN DE CONSCIENCE

Sur l'Origine de la Vie terrestre

Tous droits de reproduction et de traduction réservés pour tous les pays, y compris la Suède et la Norvège.

SULLY PRUDHOMME

Que sais-je?

EXAMEN DE CONSCIENCE

Sur l'Origine de la Vie terrestre

PARIS
ALPHONSE LEMERRE, ÉDITEUR
23-31, PASSAGE CHOISEUL, 23-31
NEW-YORK, 1127 BROADWAY

M DCCC XCVI

Que sais-je?

EXAMEN DE CONSCIENCE

Que sais-je?

EXAMEN DE CONSCIENCE

Les *pages dont je hasarde ici la publication traitent de la connaissance humaine. J'ai bien hésité à m'en séparer; elles menacent de n'intéresser ni les philosophes de profession, car ils ont bien plus pertinemment et profondément que moi étudié cette matière; ni les savants, car, dans les limites de leur prudente curiosité, leur méthode a fait ses preuves et les dispense de spéculer, après Bacon, sur les ressources dont l'homme dispose pour atteindre la vérité. Elles ne peuvent, d'autre part, que répugner aux hommes chez qui dominent le cœur et l'imagination, car elles sont abstraites, et, à plus forte raison, aux gens qui lisent pour se reposer de l'action ou pour se récréer l'esprit, car elles n'ont rien du tout de divertissant. A qui donc s'adressent-elles? La question m'embarrasse. Il m'arrive d'écrire des choses que je ne destine qu'à moi-même, à titre de notes pour mon propre usage. Les pages suivantes rassemblent et ordonnent ce que j'avais ainsi noté de mes méditations anxieuses sur un sujet qui me passionne. Cette étude a déjà paru, dans le courant de l'année 1895, en sept articles de la* Nouvelle Revue, *sous un titre différent* (La Curiosité et les Limites du Savoir) *qui, après réflexion, m'a semblé insuffisamment exact, et ambitieux. Si je ne craignais de me montrer ingrat envers la* Nouvelle Revue *qui, en m'honorant d'une invitation à lui livrer mon travail, a tempéré, sinon levé, mes scrupules, je lui laisserais la responsabilité de sa confiance. Le seul intérêt que peut-être, malgré tout, offrira pour quelques-uns ce colloque avec moi-même, il l'emprunte à un récent débat sur la prétendue banqueroute de la science. Les magistrales considérations de M. Berthelot à ce sujet, publiées dans la* Revue de Paris, *sont trop péremptoires* pour que j'aie la ridicule prétention d'y rien ajouter. Mon étude intime vise aussi le savoir humain, mais sous un autre angle. M. Berthelot a démontré que les progrès de la science positive, en perçant les nuages dont s'étaient formées les idoles de tout genre, en dissipant avec eux le prestige de ces idoles, a chassé les fantômes qui étouffaient la voix de la conscience humaine. Ne l'oublions pas, toutefois, ce bienfait a été la conséquence surérogatoire, non le but exprès des fructueuses applications de la méthode de Bacon. Celle-ci, en effet, présuppose le déterminisme de tous les événements qui en relèvent ; le moindre manquement des mêmes conditions à déterminer les mêmes effets ruinerait, pour le présent et pour l'avenir, l'autorité des lois qui sont les conquêtes de la science dans sa sphère propre. Mais cette sphère, quelle est-elle donc? Le savant est-il en état de faire le départ entre les événements qui sont justiciables de sa méthode et ceux qui ne le sont pas? Celle-ci comporte-t-elle même une pareille distinction, qui divise le domaine de la vérité? Les faits qu'il ne peut pas atteindre par l'observation, peut-être n'échapperaient-ils pas à cette méthode si les sens étaient chez l'homme plus nombreux et plus aiguisés.

Les faits qui intéressent la morale, par exemple, relèvent de la foi dans le libre arbitre, ou bien, si l'on nie celui-ci, le mot morale change de sens, il en affecte un tout autre pour les négateurs du libre arbitre que pour ses croyants. Je n'imagine pas de compromis qui réussisse à rendre équivalentes pour les uns et pour les autres les significations diverses qu'ils attachent respectivement aux mots dignité, mérite, valeur morale, si tant est que, pour les premiers, ces mots en puissent conserver une. Il se pourrait donc que cette même méthode travaillât avec une égale indifférence à détruire par la base, sinon l'utilité, au moins la noblesse de l'édifice dont elle a déblayé seulement, mais non dressé l'échafaudage.

Aussi bien, le procès récemment fait à la science positive, dans les termes où il a paru l'être, ne requérait pas, à mon avis, le ministère d'un si grand avocat. On peut, en effet, ramener ces termes aux suivants : décider si un boulanger majeur, fidèle à tous ses engagements envers son meunier et sa clientèle, fait banqueroute dans les affaires de son voisin qui débite du haschisch. Pour moi, peu m'importe ; j'ai faim d'un aliment que je n'ai jamais songé à demander aux savants et que j'attends encore moins de leurs adversaires. *Les premiers ne le promettent pas et, volontairement ou non, les seconds le frelatent. J'en ai donc été réduit à tâcher de me le fabriquer moi-même. J'y ai échoué et je n'ai que la pauvre consolation de savoir aujourd'hui à peu près pourquoi; ce n'est guère. Ce minimum de connaissance, je l'offre, à titre de simple diversion, à ceux qui souffrent de la même fringale que moi et que ne sauraient assouvir ni les sciences, soit exactes, soit expérimentales, faute de suffisante ouverture sur l'objet de notre curiosité foncière, ni les systèmes métaphysiques, ni les doctrines mystiques, faute de précision et de preuve.*

Oserai-je à ceux-là demander en retour une concession? Elle est, hélas! énorme. Qu'ils daignent m'accorder le postulat suivant, si fortement ébranlé par Kant : « Il existe pour l'homme un monde extérieur. » Qu'ils octroient à la présente élucubration cette première chance de ne pas demeurer un monologue!

PRÉLIMINAIRES

I

JE ne peux répondre que des faits constatés en moi par moi-même. Je les suppose susceptibles d'être contrôlés par le lecteur en lui-même. Si ses observations intimes ne confirmaient pas les miennes, si elles en différaient, il perdrait son temps à me suivre. S'il reconnaît, au contraire, en lui ce que je lui signale en moi, sa lecture peut n'être pas stérile. Ce qu'il y a de forcément individuel et de subjectif dans les notions psychologiques en compromet la valeur scientifique. L'assentiment d'autrui, s'il était unanime, leur assurerait cette valeur au même titre que toute autre vérification empirique; mais il n'est jamais unanime sur toutes les observations internes. La psychologie d'un spiritualiste, par exemple, ne sera pas celle d'un matérialiste. Il faut s'y résigner. Puissions-nous être, mon lecteur et moi, toujours d'accord!

La première condition pour s'entendre est de fixer le langage. J'ai maintes fois éprouvé combien, par son élasticité et son manque de précision, le langage des philosophes favorise les écarts de leurs spéculations et suscite de malentendus entre eux en leur permettant de ne pas placer toujours la même idée sous le même mot.

Ce vice est une des principales causes du discrédit où sont tombés les travaux du genre de celui-ci depuis que les sciences exactes et les sciences expérimentales ont prouvé leur rigueur par leur progrès. Aussi ai-je cru bon de commencer cette étude par une sorte de vocabulaire ordonné et précis. Mais je ne pouvais définir les mots sans par là recenser et définir ou, au moins, désigner les faits mêmes qu'il s'agissait de nommer. J'ai été ainsi entraîné, malgré moi, à rappeler au lecteur une foule de choses qu'il sait déjà. Voudra-t-il bien me le pardonner en faveur de quelques aperçus qui s'y trouvent mêlés et que je crois miens? Ce sont aussi des préliminaires indispensables de mes recherches.

Je ne définirai pas les mots *existence, négation d'existence, néant*. Par quel genre plus abstrait le ferais-je ? Je présume d'ailleurs qu'ils ne prêtent à l'équivoque pour personne. Il n'en est pas de même du verbe *être*. D'une part, je ne l'emploie pas toujours comme simple copule dans l'énoncé d'un jugement (comme, par exemple, dans cette proposition : l'homme *est* mortel); d'autre part, je ne lui attribue pas toujours un sens équivalent à celui du mot *exister;* il en a un, pour moi et pour beaucoup d'autres, qui implique et dépasse celui-ci. Je vais définir cette signification spéciale qui est très importante.

J'ai eu des sensations visuelles, auditives, tactiles, etc., dont assurément toute conscience a disparu en moi, jusqu'au plus vague souvenir. Je constate ainsi la totale disparition, l'anéantissement d'une multitude d'événements qui ont existé en moi, effets d'impressions du dehors qui ont cessé de s'exercer, c'est-à-dire aussi d'exister. Ce qui se passe en moi, moi-même, et ce qu'il y a hors de moi sans exception, en un mot, l'univers proprement dit n'est-il composé que de choses de ce genre ? En d'autres termes, est-il susceptible de complet anéantissement ? Non certes ; il m'est aussi impossible de le concevoir passant de l'existence au néant que déterminé à l'existence par le néant. Je suis donc obligé de reconnaître en lui, outre les choses qui en peuvent disparaître, quelque chose qui n'a pas commencé et ne finira pas. Ce quelque chose d'éternel, je l'appelle l'*être*. L'hypothèse d'un univers uniquement accidentel étant, pour moi, inadmissible, j'en conclus que le monde accidentel qui entre dans la composition de l'univers réel n'y est pas indépendant de l'*être*, n'y existe qu'en lui et par lui. Quant à l'*être* même, comment, tel que je viens de le définir, existerait-il autrement que par lui-même et en lui-même ?

Ces divers concepts connexes résultent si directement à la fois du premier regard que porte l'homme sur la *nature* et de la *nature* même de son intelligence que je ne leur ferai pas l'honneur de les appeler *métaphysiques*. Ils ne le seraient que s'ils prétendaient atteindre et pénétrer l'objet qu'ils se bornent à désigner. Leur origine empirique et immédiatement déductive m'ôte le droit de les qualifier ainsi. Pris individuellement ils sont simples et évidents, mais il ne s'ensuit pas que leur mutuelle relation soit intelligible à l'homme, car celle de leurs objets respectifs est métaphysique.

La question de la métaphysique et des antinomies qu'en suscitent les données sera traitée plus loin.

L'analyse précédente me conduit à distinguer dans l'univers : 1° *l'Être*, 2° *le monde accidentel*, 3° dans celui-ci le monde que je porte en moi, composé de mes états conscients (sensations, idées, sentiments, volitions, etc...); je l'appellerai *le monde phénoménal*.

Un *phénomène* est un accident de mon for intérieur, dont j'ai conscience, qui a le plus souvent pour cause un accident extérieur et, à ce titre, en est le signe en moi. A ce point de vue, j'oppose sous le nom de *subjectif* le monde phénoménal au monde accidentel extérieur appelé alors *objectif*.

L'être est-il un ou multiple ? Je laisse Spinoza et Leibnitz en décider sans s'accorder. Pour le moment, je n'ai pas à choisir entre la substance unique et la substance divisée et je n'ai nul besoin même de prononcer le mot *substance*.

L'être a-t-il jamais été dans un état d'inconscience entière, absolue ? Je ne peux ni l'affirmer ni le nier, malgré ma répugnance à l'admettre et même à le concevoir seulement; mais je suis induit à reconnaître une inconscience partielle de l'univers. Le globe terrestre, du moins, durant son évolution, semble bien avoir été, en divers points de sa surface refroidie, le théâtre du passage d'un pareil état à l'état conscient. Je ne peux d'ailleurs pas plus me représenter ce passage, ce degré de conscience initial que, dans le réveil, le degré de conscience qui succède immédiatement au sommeil supposé sans rêve. C'est un degré inférieur à tout degré imaginable; c'est un infiniment petit.

Pendant la veille parfaite, je distingue en moi-même différentes espèces d'états conscients d'une complexité croissante; il y a autre chose et plus dans une perception que dans une sensation brute; dans un jugement que dans une perception; dans un sentiment que dans une perception et dans un jugement; dans une volition délibérée que dans chacun des précédents états conscients; et rien ne prouve que l'évolution de la conscience dans l'univers s'en tienne là, qu'elle ait donné dans l'esprit humain toute sa mesure. Celui-ci représente le maximum de cérébration réalisée sur notre planète. Mais rien ne nous autorise à penser que dans nul autre astre il n'y ait de cerveaux déjà organisés pour des modes de conscience plus compliqués encore et plus avancés.

Quoi qu'il en soit, parmi tous les modes possibles de la conscience dans l'univers je n'en vise qu'un dans cette étude, le mode intellectuel, et je voudrais de mon mieux déterminer quelles en sont chez l'homme la portée, la limite et la relation avec son plus haut objet, avec l'objet qui confère aux religions sur la terre leur raison d'être et prescrit leur évolution.

Les deux états alternés, la veille et le sommeil, que j'observe en moi, je les distingue suffisamment l'un de l'autre. Pendant le jour, divers événements moraux, perceptions, pensées, volitions, souvenirs, etc., occupent tour à tour mon for intérieur, s'y succédant parfois sans transition, sans diminuer de vivacité ni de netteté. La nuit vient : certains de ces événements intérieurs commencent à perdre de leur précision, puis tous s'effacent graduellement ensemble : je m'endors. Le lendemain matin, à cet état en succède, par degrés insensibles, un nouveau semblable au premier et dans lequel, ou bien je n'ai aucun souvenir du second, ou bien j'en ai retenu quelque souvenir, le souvenir de ce qu'on nomme des rêves, c'est-à-dire d'assemblages plus ou moins incohérents et confus, parfois mieux définis, de sensations et d'idées. Je ne saurais affirmer que j'aie une seule fois dormi sans rêver, car j'ai pu avoir fait des rêves trop vagues, trop inconsistants, pour avoir impressionné ma mémoire. Mais, grâce à cette absence de toute trace en moi de cet état précédent, je peux, sinon constater, du moins concevoir le sommeil sans rêve, et cela me permet de concevoir l'existence d'un état que j'appelle d'*entière inconscience,* de complète ignorance. Je le conçois, à vrai dire, négativement, sans l'imaginer, non par représentation, mais, au contraire, par élimination de tout l'état de veille et de tout rêve.

Il y a un cas où la distinction entre la veille et le sommeil m'est moins facile à établir : c'est celui où le rêve est hallucinatoire, mais je ne m'arrête pas à cette exception ; je n'ai pas besoin de pousser avec plus de rigueur l'analyse des caractères distinctifs de ces deux états. Il suffit à mon dessein que je ne sois que par exception exposé à les confondre, car je me suis proposé seulement ici de noter l'origine en moi du concept de l'inconscient.

Le réveil me rend la conscience d'abord à son plus humble degré, c'est-à-dire à l'état de sensations simultanées, mais encore vaguement synthétisées, sans lien précis entre elles. Puis les impressions qui les déterminent provoquent l'*attention spontanée*, laquelle les rend distinctes et leur restitue leurs habituels groupements avec une netteté croissante. Alors entrent en exercice la *comparaison* et le *raisonnement*, mais tout spontanés encore et employés à ne produire que des *jugements d'ordre pratique*, utiles à la conservation de la vie. Ces fonctions intellectuelles opèrent sur les perceptions, y discernent progressivement l'*objectif*, c'est-à-dire ce que l'objet perçu y marque, du *subjectif*, c'est-à-dire de ce qui appartient en propre au sujet percevant, et par là elles font des *notions*, des *connaissances* d'abord concrètes et particulières, puis de plus en plus abstraites et générales. Mais ce discernement est imparfait, peu précis et instinctif encore. Enfin s'éveille la conscience à son degré supérieur, *conscience réfléchie*. Cet éveil, en général, accompagne toute sélection laborieuse de l'objectif d'avec le subjectif et consiste en ce que le sujet se reconnaît expressément et s'affirme distinct de l'objet, distinct du monde extérieur; en d'autres termes, le *moi* s'oppose au *non moi*, dont il sent la rencontre.

A ce degré de conscience, le sujet s'aperçoit qu'il est attentif, qu'il compare, qu'il raisonne. Dès lors, il peut être psychologue et il peut, en outre, dans une recherche quelconque, diriger avec *méthode* ses opérations intellectuelles.

II

Que suis-je? Rien de plus, peut-être, qu'un composé d'événements, d'états de conscience, les uns simultanés, les autres successifs coordonnés dans la durée, et peut-être cesserais-je d'exister s'il n'en demeurait plus un seul dans mon for intérieur, lequel n'est autre peut-être que le lien purement spatial et chronique de ces états conscients. Je ne saurais faire d'hypothèse plus simple sur ce que je suis. Mais je crains que celle-ci ne soit insuffisante. Je ne considère jamais qu'à la dernière extrémité comme illusoire le témoignage le plus intime de ma conscience réfléchie, car je n'en ai pas d'autre à ma disposition qui m'offre plus de garantie de véracité. Or elle me révèle, au-dessous de mes sensations, plus profondément en quelque sorte, je ne sais quoi d'actif et de persistant qui les précède, concourt à en former des perceptions et leur survit; qui, loin d'être une simple résultante des données fragmentaires de mes sens, les combine et les centralise; qui n'est entier dans aucune de ces données, dans aucun de mes états conscients, et ne se divise ni ne se multiplie comme eux. On constate, je le sais, des cas anormaux, pathologiques, où ce je ne sais quoi se dédouble; mais alors dans chacune des deux parts se retrouve son caractère propre, sa fonction spéciale qui consiste à synthétiser les événements intimes, à conférer l'individualité personnelle à leur synthèse totale ou partielle. J'attends qu'une analyse plus complète de la nature et des relations de ces événements me permette de ne voir désormais dans le principe de leur connexion rien d'autre et rien de plus qu'une résultante. J'attends que ce progrès de la psychologie, faisant tomber l'illusion dont me leurre peut-être le témoignage de ma conscience, me fournisse en même temps de quoi remplacer ce que celui-ci m'induit à réserver encore.

Mais ce principe de connexion, que je sens réel, ma conscience réfléchie l'atteint-elle directement, abstraction faite des événements qu'il synthétise? atteint-elle tout le *moi,* non pas seulement ce qui s'y passe, mais même ce qu'il est? Y a-t-il, pour emprunter à Maine de Biran son langage, une *aperception immédiate interne*? J'avoue que, pour ma part, je ne me connais pas intégralement : je n'aperçois de moi-même que mes sensations, perceptions, idées, sentiments, jugements, volitions, souvenirs, l'existence d'un lien qui met en rapport mutuel ces divers événements internes et aussi l'existence en moi de prédispositions à être ainsi diversement modifié. Comme ces prédispositions ont un caractère permanent, je les sens comme des virtualités, c'est-à-dire des aptitudes. Je les appelle, à ce titre seulement, sensibilité nerveuse, sensibilité morale, intelligence, volonté, mémoire, etc., et ces noms, dans ma pensée, ne leur confèrent aucune autre entité que celle de conditions persistantes. Je définis, en effet, une aptitude : un système persistant de toutes les conditions, *moins une,* requises pour déterminer une espèce distincte d'événements internes. Dès que la condition manquante se réalise, l'ensemble des conditions devient à la fois nécessaire et suffisant, l'aptitude entre en exercice. C'est alors seulement que j'en prends conscience, car je n'ai aucune aperception immédiate de ce qu'elle est. Jusque-là elle n'était encore qu'une simple possibilité de modifications internes.

Pour compléter cette remarque sur ce que je

peux atteindre de ma propre nature, je dois signaler une constatation qui me semble très importante, à savoir que, ayant hérité mes aptitudes fort disparates, les unes de mon père, les autres de ma mère, d'autres médiatement peut-être de quelques ascendants plus éloignés, je ne peux concevoir indivisible l'unité de mon *moi,* malgré ma répugnance à la concevoir collective. Je suis un faisceau d'aptitudes; mais ne suis-je rien de plus? Il y a certainement un lien à ce faisceau, car j'éprouve que mes aptitudes communiquent entre elles et que les unes déterminent le fonctionnement des autres; en un mot, elles sont solidaires. Si elles ne l'étaient pas, comment pourrais-je dire *moi* et les dire *miennes?* Mais que peut bien être ce qui les synthétise? C'est à coup sûr quelque chose de commun à toutes, car nulle relation n'est concevable entre des données qui n'ont rien de commun. Mais encore, que peuvent-elles avoir de commun dans la réalité, puisqu'elles me sont venues de sources différentes, les unes de tel ascendant, les autres de tel autre?

Examinons donc de plus près ce qui les constitue. Chacune de mes aptitudes, ai-je dit, est un système persistant de conditions. Cette persistance, il faut en rendre compte, il faut en expliquer la possibilité, la raison d'être et la cause. Sans elle, pas de transmission assurée; c'est elle qui permet la migration héréditaire de l'aptitude, qui fait de celle-ci une individualité capable de se détacher de l'un des parents et de se conserver intégralement pour entrer dans l'essence engendrée. Or, à ces fins, il faut non seulement que soient stables les relations des données héréditaires qui composent le système migrateur, mais encore que chacune de ces données mêmes soit aussi fixée, car ce sont des conditions, et des conditions sont des propriétés ou des événements sujets à variation comme les circonstances qui concourent à les déterminer. Par exemple, supposons que telle pression atmosphérique, telle température, telle propriété d'un corps soient les conditions requises pour une certaine combinaison chimique; pour peu que les circonstances qui assurent ces conditions varient, la combinaison ne se produira pas. Un accident de laboratoire, l'impureté du corps employé suffiront à faire manquer l'expérience. Il en est de même de la transmission de l'aptitude. Pour expliquer dans celle-ci la double constance de ses données constitutives et de leurs relations mutuelles, je suis bien tenté d'avoir recours à la notion de l'*être*, tel que je l'ai défini au début de ce travail. Je m'y sens autorisé, car je crois avoir établi là que tout le monde phénoménal dépend de l'être (un ou multiple). Or cette dépendance même peut me procurer ce que je cherche, car ce qui tient de l'être l'existence, tel qu'un système de conditions, par exemple, peut et semble bien devoir tenir de lui également sa synthèse et sa conservation pour devenir une aptitude. Si quelque savant me contestait la légitimité de ma conjecture, je lui ferais observer que son hypothèse de l'atome n'est ni plus ni moins légitime; je l'admets au même titre d'autant plus volontiers qu'elle est un hommage, bien involontaire, il est vrai, au concept de l'être opposé à l'accident, car le savant même ne l'imagine que pour assurer la persistance, la stabilité, la fixité, en quelque sorte un point d'attache et d'appui au système de conditions qu'il appelle, au lieu d'*aptitude, propriété* de tel ou tel corps. Sous le mot *corps* il dissimule un objet métaphysique, il cache implicitement le principe d'unité et de constance que je demande expressément à ce que j'ai mis sous le mot *être*. Quant à ceux d'entre les savants qui parlent encore de la *matière* comme d'une chose inerte, étendue et compacte attendant l'impulsion des forces, ils professent ainsi une *métaphysique* surannée que je me dispense de discuter. J'admets donc sans scrupule que l'aptitude psychique puise dans le réservoir de l'*être* un substratum, d'une nature à déterminer, qui rend possible sa migration des parents à leur progéniture.

Cette conception de l'aptitude transmissible par hérédité me semble la seule qui permette d'expliquer la multiplicité des exemplaires d'un même individu déposés dans autant de corpuscules générateurs distincts qui se renouvellent en lui. On comprend, en effet, que dans ceux-ci, telle ou telle aptitude, en tant que simple système de conditions, puisse se réaliser un nombre illimité de fois; ce qui serait, au contraire, inconcevable si elle représentait une entité substantielle, de l'*être,* en un mot. Mais elle ne représente qu'une modification complexe dont plusieurs êtres peuvent être susceptibles tour à tour ou simultanément. Ce n'est pas plus difficile à admettre, sinon à imaginer, que la communication d'un même mouvement, par exemple, à une série de billes sur un plan horizontal.

Il s'en faut encore bien que, pour expliquer l'unité personnelle du *moi,* j'aie vaincu la difficulté capitale suscitée à mon intelligence par la séparation originelle des aptitudes héréditaires. Est-il besoin, pour les synthétiser dans le descendant, de recourir à un *substratum* spécial?

Avant de chercher la réponse à cette question, il importe d'en examiner une autre dont elle pourrait dépendre. J'ai considéré jusqu'ici, dans l'ensemble complexe qui constitue l'homme, les seules aptitudes psychiques; mais il en est d'autres qui les accompagnent et même les conditionnent, à savoir les aptitudes somatiques. Ce sont les propriétés soit physiques, soit chimiques, et les fonctions physiologiques, toutes transmissibles aussi par hérédité et synthétisées dans l'ovule fécondé, dans le *germe*. Or d'après les apparences et les probabilités, le *substratum* commun à ces diverses aptitudes ne serait que l'association de leurs *substrata* respectifs; le germe se composerait uniquement de ces derniers; enfin l'unité corporelle, à tous les points de vue, c'est-à-dire physique, chimique, morphologique et physiologique, serait simplement la résultante des propriétés et des fonctions héréditaires concentrées dans le germe et évoluant avec lui. S'il en était ainsi, n'en pourrait-il pas être de même pour la synthèse des aptitudes psychiques? Est-il nécessaire de leur prêter des substrata respectifs d'une autre nature que ceux des aptitudes somatiques et de supposer en outre, pour en former l'unité personnelle, un substratum spécial, indivisible et exempt de dissolution? Cette supposition ne nous mettrait-elle pas en demeure de concevoir celui-ci comme un être antérieur à ses qualités et se les adaptant de la façon la plus incompréhensible?

Cette considération me frappe beaucoup et je me sens très sollicité par l'école qui juge plus simple et suffisant d'admettre qu'un substratum formé d'éléments héréditaires, impliquant toutes les diverses aptitudes, fonctions et propriétés, se réalise dans le germe à l'état de composé et de résultante. Dans cette hypothèse, la distinction du psychique et du somatique ne serait applicable qu'aux phénomènes et n'atteindrait pas l'être d'où ils dérivent. C'est l'hypothèse du *monisme*, qui supprime la différence établie par les anciennes métaphysiques et les religions entre l'esprit et la matière, entre l'âme et le corps, élimine ainsi d'inextricables difficultés et n'en soulève que de bien moins décourageantes.

Si l'on croit, en effet, à la réalité de l'âme, c'est-à-dire d'un être indivisible et indissoluble, recevant le dépôt des legs psychiques, on laisse à définir le substratum des legs somatiques, de sorte qu'une moitié de la question n'est pas résolue ou l'est par une hypothèse nécessairement très compliquée. On est, en effet, obligé de supposer l'existence d'un substratum dit *matière* doué de propriétés exclusivement physiques, chimiques et physiologiques, et une sorte d'harmonie préétablie entre l'âme et la matière pour expliquer leurs indéniables relations dans le cerveau, malgré leur irréductible différence de nature. Si l'on n'admet pas l'unité foncière du substratum humain, on éprouve même quelque embarras pour ramener les phénomènes physiologiques à une commune mesure avec les phénomènes physiques et chimiques et ne pas supposer une sorte de principe spécial doué d'une fonction plastique et organisatrice, sous le nom de *principe vital*, mais ne régissant que la vie végétative. Il faut alors concevoir l'âme comme survenant au moment de la conception, pour offrir un support aux qualités qui lui sont dévolues; or nous l'avons déjà signalé plus haut, comment concevoir un être préexistant à son essence et comment concevoir l'assimilation des legs psychiques par le substratum? Si ces legs sont des aptitudes sans substrata, on n'en conçoit ni l'existence indépendante, ni la transmission, et s'ils ont des substrata, ceux-ci seraient donc en quelque sorte des fragments d'âme, conséquence incompatible avec l'unité supposée indivisible de l'âme.

Dans l'hypothèse du monisme, telle du moins que je la comprends, une aptitude, fonction ou propriété, c'est-à-dire une virtualité quelconque, d'ordre somatique, ou psychique, est une manière d'être d'un substratum qui n'est ni matière ni esprit, mais un seul et même fond susceptible de deux ordres de modifications différents, de deux mondes de phénomènes parallèles, mais irréductibles encore l'un à l'autre. Cette doctrine, tout en présentant des avantages considérables, laisse entière, à vrai dire, la difficulté de concevoir comment l'unité de la conscience individuelle peut sortir d'une multiplicité d'apports héréditaires distincts. Je maintiens sur ce point mes premières réserves. Je n'ai pas, au demeurant, la présomption de résoudre ce problème fondamental; je n'ai prétendu qu'instruire de mon mieux et poser la question de l'essence humaine.

III

Chez moi l'intelligence, dans ses relations avec le monde extérieur, avec le *non moi*, est soumise à la condition de ne communiquer avec son objet que par l'intermédiaire de données empiriques fournies par les sens. Je crois que la plupart des hommes, sinon tous, sont dans le même cas. Certains, plus favorisés, prétendent communiquer par une voie directe avec l'objet de leur contemplation : ce sont les mystiques. Ce privilège, que j'ai cru posséder aussi dans un moment de ferveur religieuse, lors de ma première communion et aussi à dix-huit ans dans une crise analogue, m'a été définitivement retiré depuis la pleine maturité de ma pensée; mais j'aurai à l'examiner. D'autres prétendent qu'il y a en eux des idées dont ils n'ont pas été obligés de faire l'acquisition; je n'en ai jusqu'à présent trouvé aucune d'une telle origine en moi. Descartes, sur ce point, ne m'a pas converti à son assertion.

La condition susdite qui m'est faite n'est sans

doute pas la plus favorable à la connaissance, car elle suppose une sorte d'écran, plus ou moins transparent, interposé entre le sujet et l'objet. C'est, en effet, à travers ma sensibilité, à travers moi-même que j'atteins ce que je peux connaître. Cette communication, n'étant pas immédiate, complique d'une image à interpréter, c'est-à-dire d'un signe à déchiffrer, la pure notion de l'objet.

Il me semble que je n'échappe jamais à l'intrusion d'un intermédiaire dans l'opération de mes connaissances, pas même quand je me borne à réfléchir sur moi-même, à prendre conscience de ma propre existence et de ce que je suis, car ma réflexion ne pénètre pas immédiatement ce que j'appelle *moi*, l'intime lien, le principe synthétique (substantiel ou non, mais réel) de mes aptitudes. Celles-ci mêmes, je ne les aperçois et ne les discerne qu'autant qu'elles passent de la virtualité à l'acte ; en d'autres termes, c'est, comme je l'ai remarqué plus haut, leur exercice qui seul me les révèle.

L'intermédiaire obligé de ma connaissance est une chaîne à deux ou trois chaînons reliant l'objet au sujet qui est *moi*. Quand c'est l'ouïe ou la vue qui me renseignent, il y en a trois à partir de l'objet, à savoir : 1° un agent matériel (l'air ou l'hypothétique éther) qui reçoit de l'objet certaines vibrations; 2° le nerf approprié (acoustique ou optique) auquel cet agent les transmet; 3° la sensation déterminée dans le sujet, dans le *moi* par lesdites vibrations que lui communique ce nerf grâce à un mode de transmission encore obscur.

Quand le renseignement est apporté au sujet par le toucher, l'odorat ou le goût, le transport ne s'opère qu'au moyen de deux chaînons : 1° le nerf spécial immédiatement impressionné par l'objet ou par des émanations de l'objet même; 2° la sensation correspondante déterminée dans le *moi* par l'impression que transmet le nerf au sujet.

De ces divers chaînons qui établissent en moi la communication de l'objet avec l'intelligence, il y en a au moins un, je l'ai déjà noté, sans lequel je ne pourrais prendre conscience de rien, pas même de ma propre essence; c'est le dernier, à savoir quelque modification déterminée en moi par l'exercice provoqué d'une de mes aptitudes, telle que ma sensibilité tactile, visuelle, auditive, etc. Rien jusqu'à présent ne m'autorise à affirmer qu'il n'existe nulle part dans l'univers un être capable de prendre conscience de son essence par une intuition immédiate sans le secours d'aucune modification préalable de son équilibre interne, encore que je ne puisse d'aucune façon me représenter ce fait. Mais je ne peux m'empêcher de croire que pour le sujet, quel qu'il soit, la connaissance des objets extérieurs nécessite en lui de pareilles modifications provoquées par eux. Toute conscience, en effet, est individuelle (pour moi, du moins, l'expression *conscience impersonnelle* n'est pas intelligible) et doit à ce qui la définit et la circonscrit son individualité même; elle l'aliénerait donc en transgressant ses propres limites pour pénétrer immédiatement le monde ambiant et devenir conscience d'autrui, termes qui impliquent contradiction. Il s'ensuit qu'un être individuel, quel qu'il soit, ne peut prendre immédiatement conscience que de ce qui se passe en lui-même. S'il connaît une chose autre que lui, c'est donc seulement par les caractères qu'il s'en peut assimiler en les recevant imprimés dans les modifications produites en lui par cette chose. Entre lui et elle il existe alors quelque donnée commune, par là quelque élément de connaissance, sans qu'il y ait aucune aliénation, aucune confusion de sa conscience propre, c'est-à-dire de son individualité personnelle.

Cette analyse m'aide à comprendre le langage des mystiques. Ils s'abîment, ils se perdent dans l'objet de leur contemplation. L'extase est précisément l'absorption de la personnalité du sujet dans celle de l'objet, l'identification de l'une avec l'autre. Le mystique tendrait donc à s'anéantir; mais il s'imagine le faire plutôt qu'il ne le fait. Le souvenir que j'ai gardé de mes propres effusions religieuses suffit à m'en convaincre, car j'en jouissais trop pour avoir, pendant ce temps-là, cessé d'exister pour moi-même et très distinctement. Je m'élançais hors de moi, mais sans pouvoir en sortir, comme l'attestait la conscience même de mon ivresse, ou bien j'attirais Dieu dans mon âme, je m'évertuais à m'en pénétrer jusqu'à ne m'en plus distinguer; mais le délice même de l'invasion témoignait que ma personne n'y sombrait pas.

IV

Les modifications intérieures sur lesquelles l'intelligence, en moi, doit opérer pour s'informer sont les perceptions, lesquelles ne sont que des signes, mais des signes naturels, car elles ont avec les objets des caractères communs. C'est à ce titre qu'elles sont objectives et peuvent être dites les images, les *idées* des objets (au sens étymologique du mot *idée*). Mais le sens de ce mot tend à s'identifier avec celui du mot *concept* à mesure que les perceptions sont plus travaillées par l'activité intellectuelle. L'intelligence, en effet, analyse ces données empiriques, en dégage des caractères dont chacun, pris et conçu à part, fournit une idée abstraite, ou, s'il appartient à plusieurs perceptions à la fois, une idée générale.

Les idées, les concepts sont dits vrais, constituent des *notions scientifiques* quand la critique intellectuelle a éliminé des perceptions d'où ils dérivent tous les caractères purement *subjectifs* de celles-ci, pour n'y laisser subsister que les caractères communs avec l'objet, les caractères purement *objectifs*. Ce discernement est l'œuvre fondamentale des sciences d'observation. Il est aisé de comprendre pourquoi la physique, la chimie, par exemple, tendent à formuler mathématiquement leurs lois empiriques, à les ramener et à les réduire aux concepts de la mécanique. Il suffit de remarquer que les *seuls* caractères objectifs des perceptions qu'elles exploitent, c'est-à-dire les caractères communs à ces perceptions et à leurs objets, consistent : 1° en l'impulsion et la résistance, manifestations des causes extérieures dont la force musculaire humaine qui les rencontre nous fournit le type; 2° en la masse, cause de la différence que le sujet constate entre les efforts respectifs qu'il fait pour porter des corps de même volume; 3° en des rapports variables de position qui se correspondent dans l'espace tactile (extérieur au *moi*) et dans le champ visuel (intérieur au *moi*); 4° en des rapports soit de nombre, soit de temps, qui se correspondent également dans les perceptions et dans leurs objets. Or les idées de force et de masse, les idées de positions relatives et de leurs moments relatifs, c'est-à-dire l'idée du mouvement, jointes à celle de mesure, constituent précisément la matière essentielle de la mécanique rationnelle.

L'apport des perceptions à la connaissance du monde extérieur quand on élimine leurs propriétés affectives, quand on fait abstraction du plaisir et de la douleur qui les accompagnent, est bien défini. Ce qu'elles nous en révèlent alors, ce sont, d'une part, des rapports correspondants à ceux que leurs propres éléments impliquent entre eux, et, d'autre part, des activités opposées et partant comparables à notre force musculaire. C'est le fond des sciences positives dites naturelles.

En tant que plus ou moins agréables ou désagréables, nos perceptions peuvent aussi, par leurs différences, nous signaler des différences correspondantes, mais moins précises, dans les impressions de leurs causes extérieures sur nos nerfs sensitifs, et, par suite, dans l'action de ces causes; ces différences sont encore des rapports, mais moins exactement objectifs que les premiers.

Ce n'est pas tout; certaines de nos perceptions peuvent nous révéler des parités entre l'essence de leurs objets extérieurs et notre propre essence morale, nous permettre, par exemple, de lire sur les visages et, en général, dans les représentations en nous des personnes extérieures ce qui se passe en elles. Cette sorte de divination s'opère grâce à l'identité qui existe entre certains caractères des perceptions que nous avons d'elles et les caractères des sentiments (comme en témoigne le vocabulaire de toutes les langues), identité dégagée par la fonction, appelée *sympathie*, qui fait se reproduire en nous les sentiments d'autrui. Tout ce processus, que j'ai étudié de près ailleurs, constitue le phénomène si important de l'expression, moyen d'action principal des beaux-arts sur notre sensibilité morale.

Dans les beaux-arts la forme a, comme leur nom même l'indique, pour fonction propre de susciter au cœur, par l'intermédiaire des sens, une émotion spéciale, l'*admiration du beau*.

Peut-être, en outre, la forme, en tant que belle, y est-elle révélatrice de quelque objet spécial; mais son objectivité esthétique est beaucoup moins sûre que l'objectivité scientifique plus haut définie. Ce que j'appelle le beau dans la forme, laquelle est une synthèse de sensations, ce n'est pas seulement ce que cette synthèse m'offre d'agréable, c'est davantage, c'est son rapport expressif avec un inconnu qui m'attire et que, à tort ou à raison, je présume être ce qu'il y a au dehors de plus intéressant pour le cœur et peut-être aussi pour l'intelligence. Une œuvre d'art plastique ou musicale, c'est donc pour moi de l'agréable engendrant une joie spéciale, la joie *la plus humaine*, peut-être *la seule* exclusivement humaine, distincte, à ce titre, de toutes les autres. Je l'éprouve quand il me semble que ma personne s'élève aux confins du monde terrestre et de la région immédiatement supérieure, quelle qu'elle puisse être, c'est-à-dire quand je crois sentir naître dans mon rêve d'homme la plus haute aspiration issue de ma planète. Au fond, ce qui me paraît être objectif dans mes perceptions esthétiques, c'est le sentiment qu'elles suscitent en moi de la *dignité humaine,* c'est-à-dire du rang suprême que mon espèce occupe sur un astre et qui paraîtrait justifier son aspiration au grade suivant dans l'ascensionnelle évolution de l'univers. Ce sentiment, encore obscur et confus, latent même dans la jouissance à peine intellectuelle que procurent à mon regard les œuvres exclusivement picturales, jouissance comparable à celles que m'offrent les saveurs et les parfums, ce sentiment, dis-je, devient en moi plus conscient à mesure que je peux admirer des compositions plus expressives où le pinceau, empruntant davantage au crayon, ennoblit sa fonction. Par contre, il y a danger qu'il ne l'aliène au point de la trahir.

La statuaire, par le souci exclusif de la plastique la plus pure, éveille plus distinctement en moi le sentiment de la dignité de l'espèce humaine. Le sculpteur, en effet, s'attache à restituer à la forme humaine, dans chaque race, son type normal élaboré par les conditions géologiques et climatériques où elle a vécu. Il dégage, en outre, des accidents individuels non seulement le type, mais les variétés que des conditions de milieu d'un autre ordre, économique, social ou autre, y ont introduites.

Par cette recherche des caractères typiques, ses préoccupations ont quelque affinité avec celles du naturaliste. Dans la figure qu'il crée, il interprète aussi la forme, celle du modèle, et la classe dans une hiérarchie. Sans doute, chaque type, aux yeux de ses représentants, est beau; mais, en réalité, comparés entre eux, tous les types ne le sont peut-être pas également, s'il est vrai que l'évolution des formes animées sur la terre soit progressive et se continue dans l'espèce humaine. L'œuvre du statuaire contracterait ainsi une objectivité scientifique. Le progrès de la beauté humaine serait dans les variétés successives des types ancestraux le signe, pour notre espèce, d'un perfectionnement correspondant de son organisation physique et psychique, et peut-être même, chez quelques individus, annoncerait déjà le type supérieur encore d'une variété future. Pour les autres espèces terrestres, l'interprétation esthétique de leur forme ne serait pas aussi sûre. L'essence psychique des animaux, même les plus élevés, n'étant comparable à la nôtre que dans une mesure restreinte, leur physionomie n'a pour nous rien à exprimer de ce que nous admirons dans l'élite de nos semblables. Leur pelage, leur plumage, leur structure, leur apparence corporelle ne nous renseignent pas sur leur intérieur; l'expression de leur forme ne fait qu'éveiller en nous des sentiments qui n'ont pas de correspondants en eux; en un mot, elle est subjective, au moins pour la plus grande part et le plus souvent. Mais si nous nous en tenons à l'interprétation de la physionomie humaine, nous risquons moins de nous fourvoyer. En présence de la beauté plastique, de celle du visage surtout, contemplé de haut, je veux dire avec le regard épuré de l'artiste, le sentiment de la dignité réalisée et même virtuelle encore de notre espèce nous est suggéré. En moi du moins je le reconnais à ce signe que ma contemplation me fait *aspirer*, c'est-à-dire outrepasser par le rêve la limite du monde terrestre, essor dont la tentative, en m'exaltant, m'enchante, mais dont l'impuissance en même temps m'attriste, et du conflit de ces deux sentiments résulte une sorte d'extase mélancolique. Je ne sais pas si le Hottentot éprouve devant sa Vénus la même émotion que moi devant un chef-d'œuvre de la statuaire grecque, c'est douteux. Mais les plus profondes différences entre les variétés de l'espèce humaine ne sauraient infirmer ce qu'il peut y avoir d'objectif dans mon aspiration personnelle. Je bénéficie des legs séculaires et innombrables d'une civilisation très avancée où la culture morale aiguise et affine tous les besoins de l'essence humaine. Grâce à ces avantages, il y a des chances pour que je diffère de la bête plus encore qu'un sauvage et que je représente mieux qu'un Hottentot la variété supérieure de mon espèce. La psychologie qui intéresse mon sujet n'est pas celle des races inférieures, mais, au contraire, celle d'un représentant des races les plus civilisées et même, s'il était possible, de l'homme supposé au terme de son perfectionnement intellectuel, car il s'agit pour moi de mesurer la plus longue portée de l'intelligence humaine.

Par sa mobilité, la physionomie d'un homme exprime les mouvements de son âme, ses affections passionnelles; au repos, elle trompe souvent sur le caractère, comme si les accidents de la génération et de la lutte pour la vie avaient, dans la suite des âges, altéré et faussé chez nombre d'individus la relation des dehors avec le dedans. Mais la beauté n'exprime aucune passion accidentelle, aucun état psychique individuel et défini. Elle n'est même que trop souvent départie à des individus d'intelligence médiocre ou immoraux, comme si elle n'avait pour mission que d'attester le rang de l'espèce humaine sur la terre et peut-être dans la hiérarchie universelle des êtres animés.

Par la mise en statue, c'est-à-dire par la composition qui consiste dans la pondération des parties, dans l'agréable distribution des pleins et des vides, et dans l'accord harmonieux des lignes, l'œuvre du sculpteur est sœur de son piédestal, en d'autres termes, la statuaire, par l'élément de sa plastique indépendant de la physionomie humaine et de l'expression passionnelle, rejoint les arts décoratifs et par eux l'architecture.

L'architecture enfin, par son élément plastique le plus indépendant de l'utilité matérielle, dans ses plus nobles édifices, tels que les palais, les temples, les cathédrales surtout, se rapproche de la musique le plus hautement expressive. Je qualifie ainsi la musique sacrée et les symphonies où le compositeur s'est proposé d'exprimer, non pas la joie ou la douleur causées par les actes et les événements de la vie sociale comme dans la musique dramatique des opéras, mais ce que *nul autre art* n'est capable d'exprimer. Aucun autre, si j'en juge d'après moi qui ne suis pourtant pas musicien, ne suscite au cœur une aspiration aussi sublime et aussi poignante à la fois.

Rien dans l'infini ne correspond-il à cette étrange angoisse qui fait délicieusement pleurer? J'éprouve autant de répugnance à nier qu'elle ait un objet que de scrupule à l'affirmer; si je lâchais la bride à la chimère qui tressaille et s'agite en moi malgré ma résolution de m'instruire, autant vaudrait versifier que de faire en prose, sous couleur d'analyse, de la spéculation poétique.

Mais la conscience, en l'homme, de la dignité de son espèce, revêt dans sa vie une importance plus grande encore, elle y a une influence plus décisive. Chez moi du moins, il me semble qu'elle ne se borne pas à défrayer mes émotions esthétiques. C'est elle, si je ne m'abuse, qui, sous le nom de *conscience* tout court, intervient dans les délibérations où je dispute ma conduite à mes désirs. Elle ne s'en tient pas à me suggérer des règles *critiques* pour assigner sur l'échelle des espèces le degré de la mienne, elle m'en impose d'*impératives* qui mesurent la *valeur* de mes actes selon qu'ils me font monter ou descendre sur cette échelle et, en outre, m'interdisent de déchoir; car non seulement elle m'avertit quand je m'expose à laisser chez moi l'animal détrôner l'homme, mais encore, si je m'abaisse à y consentir, elle me le reproche. La prescription morale me dit intérieurement : « Agis en homme, sinon tu seras moins homme. » Cette alternative qu'elle me pose implique une nécessité logique : je ne puis éviter de déchoir si je ne me maintiens à mon rang. Mais j'y sens, en outre, une nécessité d'un autre ordre, qui prend le nom d'*obligation;* la première n'est que la fatalité des suites d'un choix, la seconde est un commandement qui s'impose au choix. Ce commandement, je l'entends malgré moi.

Je voudrais bien me soustraire à cette juridiction intérieure. Le moyen le plus simple et le plus radical que je puisse concevoir pour y réussir serait de me prouver à moi-même que je ne suis pas responsable de mes actes, parce qu'ils sont déterminés en moi nécessairement. Mais en dépit des arguments les plus solides par lesquels les champions du déterminisme m'en fournissent la preuve, et de ceux par lesquels je me la fais invinciblement à moi-même, je n'arrive pas à m'affranchir des sentiments qu'elle devrait abolir. Je continue à me sentir maître de vouloir ou ne pas vouloir le même acte au même instant, par suite, responsable de ma décision, et responsable devant un tribunal intime qui la qualifie bonne ou mauvaise. Si c'est là obéir à un préjugé, à une habitude ou à une illusion, j'avoue que je n'en connais pas de plus indestructible, car j'y reste soumis non pas seulement contre la logique, mais même en dépit de mes passions. Ne serait-ce point le seul cas où une erreur gênante survécût tout ensemble à l'attaque de raisonnements rigoureux et à l'hostilité d'appétits intéressés à la détruire ?

J'ai employé les mots *progrès, valeur, dignité*, sans les avoir définis exactement. Le seul accroissement de complexité dans les organismes ne suffit pas à constituer ce que j'entends par un progrès, ni à créer de la valeur, de la dignité. Ce qui fait le prix d'un organisme à mes yeux, c'est le degré de conscience (au sens large du mot) et de responsabilité qu'il engendre ou conditionne. Là où il y a indifférence au point de vue du sentir, du connaître et du vouloir, le mot *progrès* est inapplicable dans l'acception que je vise. Je ne prétends pas du tout, en définissant les mots *progrès, valeur* et *dignité*, avoir défini la chose même qu'ils signifient; je n'ai fait que désigner cette chose parce que je la sens distincte et différente de la seule complexité organique. Elle échappe à l'explication rationnelle au même titre que le libre arbitre.

En résumé, les perceptions esthétiques intéressent la connaissance par une révélation toute spéciale. Elles se distinguent des notions scientifiques en ce qu'elles sont concrètes et que l'élément subjectif n'y est pas distrait de l'élément objectif par la pensée. Au contraire, tout y est employé à l'expression par la forme au moyen de la sympathie; or l'expression, qu'elle suppose un modèle, comme dans une statue, ou n'en comporte pas, comme dans une arabesque ou une mélodie, est également esthétique. L'objet du sentiment qu'éveille dans l'homme la beauté psychique et celui que traduit le beau plastique ou musical sont fuyants. Je me borne à conjecturer que, dans l'un et l'autre cas, c'est la dignité de l'espèce humaine.

Quant aux notions éthiques d'où relève la morale, elles me paraissent correspondre au même objet, mais elles se distinguent des précédentes par leur caractère impératif. Elles impliquent pour le sujet une mise en demeure par une autorité inconnue de favoriser, dans sa délibération, une convenance qu'il juge étrangère et parfois même contraire à la sienne. Or le concept du libre arbitre, d'un acte sans condition qui le nécessite, celui de l'obligation morale, chaîne sans contrainte, celui du désintéressement, abdication du *moi* par le *moi,* sont demeurés jusqu'à présent, pour moi du moins, rebelles à toute définition rationnelle. Ce sont des actes de foi. Ils s'imposent à l'intelligence, ils n'en reconnaissent pas la juridiction. A cet égard, on ne peut les dire scientifiques. Ils participent de l'esthétique par la fusion du bien avec le beau et le sublime dans les actions généreuses et héroïques, dans l'accomplissement le plus désintéressé du devoir; mais ils en restent toutefois distincts par l'impératif qui leur est essentiel à tous, tandis qu'il n'entre que dans une catégorie de concepts esthétiques : ceux de la beauté et de la grandeur morales.

Tout ce que je viens d'indiquer touchant le bien et le beau, j'aurai à le reprendre pour le scruter davantage, mais je ne parviendrai pas à en former un corps de notions positives, scientifiques.

Pour clore ce recensement très sommaire des provinces distinctes de la pensée humaine d'après leur degré d'objectivité et les différences irréductibles qui en classent les objets, il me reste à mentionner les concepts métaphysiques et leurs dérivés religieux.

J'ai constaté sur moi-même que l'intelligence humaine ne communique avec le *non moi* que par l'intermédiaire de quelque modification interne tombant sous la conscience. Ainsi, en réalité, ce qu'elle atteint immédiatement, ce n'est pas cela même qui impressionne la sensibilité, mais seulement l'effet que l'impression y cause. Dans le cas où c'est le *moi* qui est l'objet de l'intelligence, ce qu'elle en atteint, ce n'est pas ce qui en synthétise les événements, ce qui persiste pour rendre constamment possible à l'individu de sentir, penser, vouloir, avant qu'il y ait en lui sensations, sentiments, idées, volitions, en un mot, les aptitudes, mais uniquement ces événements mêmes. Comme je perçois le monde extérieur uniquement par l'intermédiaire des modifications de moi-même que j'en reçois et qui en sont les signes naturels en moi, je ne peux le connaître mieux que je ne me connais moi-même. Or je sais bien que je suis *(cogito, ergo sum)*, mais je ne sais rien de ce que je suis indépendamment de mes modifications, que seules j'aperçois en moi. J'exerce ma force musculaire, mes aptitudes à vouloir, à penser; mais je ne pénètre pas, je ne connais pas ce dont je dispose ainsi. A plus forte raison ne puis-je par cet intermédiaire rien savoir non plus de ce qu'est le monde extérieur indépendamment de ses propres modifications. Je connais de ce monde seulement ce qu'il y a de commun à celles-ci et à mes perceptions qu'elles déterminent. D'une part, ce qui synthétise en moi mes aptitudes, ce que je suis, d'autre part, ce qu'est le monde extérieur à moi, c'est-à-dire ce qui en lui est doué de propriétés et se prête aux variations, ce qui synthétise les premières et permet que dans les secondes, les unes, à titre d'antécédents, conditionnent et déterminent les autres, tout cela constitue des objets situés hors des limites de la nature accessible à ma double aperception interne et externe. Aussi les appelle-t-on à bon droit *métaphysiques*. Je ne peux que les désigner et en affirmer l'existence. C'est ce que je me suis borné à faire au seuil même de cette étude, en signalant sous le nom d'*être* cet impénétrable domaine, et j'ai tout de suite noté que ce n'était pas là faire de la métaphysique proprement dite. Mon intelligence exige qu'il y ait dans l'univers quelque chose qui n'ait pas commencé et ne puisse finir. Or ce qui constitue réellement l'objet métaphysique, ce n'est pas cette condition même concevable par moi, mais bien ce qui la remplit et qui échappe aux prises de la conscience et de l'expérience; ce n'est pas l'éternité, mais ce qui est éternel, ce dont mon intelligence affirme l'existence et que j'ai appelé l'*être*.

La condition d'éternité en entraîne d'autres comme conséquences immédiates. Ces dernières ne sont pas davantage métaphysiques, car l'opération purement logique par laquelle je les déduis de la première ne saurait leur conférer un caractère dont celle-ci est dépourvue. Je ne crois donc pas du tout faire de la métaphysique dans les simples déductions qui suivent :

1° J'ai appelé l'être ce qui se conçoit d'éternel dans l'univers, ce dont l'anéantissement ne s'y conçoit pas possible, par conséquent ce qui ne peut pas ne pas exister, en un mot le *nécessaire*.

2° L'être, en tant que nécessaire, existe sans le secours d'aucune autre chose. Son existence ne dépend donc d'aucune relation avec ce qui n'est pas lui, d'aucune condition extérieure à lui; c'est dire qu'il est *absolu*.

3° Nécessaire et absolu, il existe par lui-même et en lui-même. C'est un corollaire évident des propositions précédentes.

4° L'être n'a pas de limite. En effet, il est absolu; il faudrait donc, s'il était limité, qu'il le fût par lui-même, c'est-à-dire que cela même qui le pose servît à faire le contraire. Conséquence absurde. Il est donc *infini*.

Ainsi je distingue dans l'être deux choses différentes : en premier lieu, l'objet métaphysique proprement dit, à savoir ce qui échappe en lui à ma conscience et à mes moyens d'expérience, à toutes les prises de mon intelligence; en second lieu, ce que j'en conçois, sans toutefois me le représenter, à savoir qu'il est éternel, nécessaire, existant en soi et par soi, absolu, infini.

Il n'y a de métaphysique dans l'être que l'inconcevable. La métaphysique commence où la clarté finit.

Les géomètres, qui cultivent la science la plus précise, ne se donnent pas pour métaphysiciens; ils repousseraient cette qualification comme directement contraire à l'esprit même de leur méthode, car ils procèdent par définitions, axiomes, postulats qu'il ne coûte rien à l'intuition d'accorder, et déductions rigoureuses. Cependant ils ont sans cesse affaire aux infinis. L'indéfiniment croissant ou décroissant réalise précisément, *à la limite*, comme ils disent, l'illimité, l'infini. Or j'ai déduit le concept de l'infini du concept empirique de quelque chose d'éternel dans l'univers, de ce que j'ai appelé l'*être*; je ne suis pas plus métaphysicien qu'eux.

L'affirmation de l'être ne comporte pas de preuve, parce que la proposition sur quoi elle se fonde, à savoir que l'anéantissement total de l'univers est impossible, est évidente par elle-même. La contre-partie de cette proposition, à savoir que l'univers n'a pu commencer d'exister, est évidente aussi par elle-même. Les deux propositions sont comprises dans la formule unique : « L'être est éternel », laquelle est un axiome au même titre que les axiomes de la géométrie; le contraire en est absurde. Mais si, au lieu de considérer l'être, ce qu'il y a d'éternel dans l'univers, je considère ce qui n'y est que transitoire, la série continue des événements dont l'être est affecté, il m'est à la fois impossible de concevoir à cette série un commencement et impossible de ne lui en pas concevoir un. En effet, pour qu'elle en eût un, il faudrait concevoir une variation initiale déterminée par un état antérieur entièrement immobile, par un état de parfait équilibre, ce qui est absurde; et, d'autre part, comment concevoir une variation sans antécédent qui la détermine, en un mot sans cause?

Ainsi appliqué au monde accidentel le concept d'éternité engendre deux conséquences également évidentes et pourtant contradictoires, ce que Kant appelle une antinomie. Or tous les autres attributs de l'être que j'ai déduits de son éternité en contractent le même caractère : appliqués à ce monde, ils y introduisent autant d'antinomies. J'en pourrais conclure que cette application est illégitime, mais il faudrait pour cela qu'elle ne fût pas inévitable, et il semble bien qu'elle le soit, car je ne conçois pas que ce monde puisse prendre son appui dans l'être sans participer de l'éternité de l'être et des attributs qui en dérivent. Il est vrai que j'ai dû me borner à désigner l'être; je n'ai pas tenté d'en définir l'inaccessible contenu. Probablement, si je connaissais les rapports que soutient avec lui le monde accidentel, c'est-à-dire, au fond, ce que c'est que l'activité de l'être, les antinomies kantiennes s'évanouiraient. Mais je ne peux connaître l'activité de l'être que par l'exercice de la mienne, et quand je lève le doigt ou que je commence à penser, je sens mon vouloir obéi par je ne sais quoi; une volition est le déclenchement subit d'un ressort dont le moteur demeure voilé. Lors même que j'aurais conscience de la nature de ma propre activité physique et psychique, je ne saurais encore pas dans quelle mesure je pourrais légitimement l'assimiler à celle de l'être fondamental de l'univers.

Cet être est-il un ou multiple? Le concept que j'en ai procède de mon idée empirique de l'univers, laquelle n'implique nullement la solidarité des objets qui le composent. Leur lien synthétique peut n'être que collectif. Mon intelligence ne rencontre de prime abord aucune absurdité, aucune contradiction à concevoir des unités entièrement distinctes les unes des autres, n'ayant entre elles rien de commun, dont la collection composât l'univers et dont chacune fût *en son genre* un objet existant en soi et par soi sans aucune relation avec les autres. Poser d'abord, comme le fait Spinoza, sous le vocable Dieu, un être doté d'une infinité d'attributs infinis, un être dont l'essence individuelle implique toutes les catégories possibles comportant l'infinité, c'est proposer à mon intelligence un concept qui excède celui qu'elle se forme de l'universalité des choses, car ce dernier laisse indéterminée la nature des choses mêmes; il n'en présume rien, il ne vise et n'a pour objet que leur rapport de collectivité. Si chacune d'elles existe éternellement en soi et par soi, l'univers satisfait d'autant mieux mon intelligence. Ce que celle-ci exige impérieusement, c'est qu'au moins l'une d'elles existe éternellement en soi et par soi pour expliquer l'existence de celles qui ne sont pas éternelles, s'il y en a, et dans ce cas ces dernières ont quelque chose de commun avec la première, ce par quoi elles existent, sinon elles n'en pourraient dépendre aucunement. Il en résulte que s'il n'existe dans l'univers qu'une unité éternelle, cette unité est identique à l'univers, car les autres n'en sont que des effets lui empruntant leur être comme leur existence.

L'objet métaphysique a pris le nom de *substance*. Spinoza avait à démontrer, et il l'a entrepris à la façon des géomètres, que la substance est unique, par suite identique à l'univers, mais je n'ai ici ni à confirmer ni à réfuter sa démonstration : je ne me suis proposé que d'établir le caractère de mes concepts métaphysiques, de les spécifier. Je me bornerai à une seule remarque : par les déductions qui plus haut m'ont fait reconnaître l'infinité de l'être, je me sens obligé de concevoir chaque monade de Leibnitz, en tant qu'indépendante des autres, comme constituant un être infini en son genre.

Pris à l'état pur, ces concepts laissent complètement indéterminé ce qui dans l'univers est absolu, nécessaire, éternel, infini. Il y a quelque chose qui existe doué de ces attributs, mais je ne sais pas quoi. Je les conçois, par l'imagination, applicables à n'importe quelle donnée pour y devenir des qualificatifs d'autres attributs quelconques. Ils peuvent, par exemple, s'appliquer à une essence composée d'attributs humains, laquelle serait ainsi absolument, éternellement, nécessairement, infiniment bonne, juste, clémente, prévoyante, etc., parfaite enfin (au sens non pas ontologique, mais éthique du mot). Or l'adjonction d'attributs humains ou autres à l'essence purement métaphysique engendre une entité arbitraire, d'un caractère propre et nouveau. Cette entité devient l'objet des aspirations mystiques en général, et spécialement des dogmes religieux quand les doctrines sont accompagnées de rites et que l'objet en est individualisé, personnifié et honoré d'un culte.

Outre l'attribut d'éternité et ses dérivés, il en est encore un dont j'ai déjà parlé et que je conçois propre à l'être, l'*activité*, sans néanmoins pouvoir pénétrer la nature foncière de ce qui agit. Voici comment j'arrive à former ce concept.

S'il n'y avait rien de commun, dans l'univers,

entre ce qui ne s'y peut anéantir et ce qui n'y est que transitoire, si ces deux ordres de choses étaient entièrement distincts et séparés l'un de l'autre, toutes les variations, tout cet ensemble d'événements qui retentit dans les consciences individuelles et s'y traduit en *phénomènes* et dont la conscience humaine, en particulier, reçoit les impressions par les sens, tout ce qui n'est pas éternel, en un mot, se déterminerait donc soi-même à l'existence, existerait donc en soi et par soi, conséquence absurde comme exactement contraire à la définition de l'accident opposé à l'être. Il y a donc entre l'être et le monde accidentel quelque chose de commun, c'est-à-dire une relation, et c'est une relation de cause à effet. Mais, d'autre part, l'être, s'il a quoi que ce soit de commun avec ce monde, implique donc de l'accidentel, conséquence contraire à sa définition même.

Ainsi l'être doit à la fois participer du monde accidentel pour le causer et n'en point participer pour demeurer éternel. Voilà encore une antinomie. Comment la résoudre ? Elle tient à la nature de l'être, qui m'est inaccessible ; je ne peux donc que la constater. Il n'en demeure pas moins certain que, s'il m'est interdit de concevoir la relation qui unit les deux termes opposés, empiriquement du moins je perçois l'existence de cette relation; elle est un fait. Ce fait m'est révélé par des similaires réduits que je trouve de la cause en moi-même et que j'appelle *force musculaire, volonté,* en relation avec les événements qu'ils déterminent. Sans doute j'ignore ce que sont en eux-mêmes ces principes d'activité physique et psychique, mais je peux du moins affirmer qu'ils sont antérieurs à la variation et capables de la déterminer; qu'ils sont la variation à l'état *virtuel.* Le concept de virtualité n'est pas, à vrai dire, adéquat à son objet; il représente notre propre vouloir suspendu par la délibération ou arrêté par un motif prépondérant de ne pas agir. Or nous n'avons pas clairement conscience de ce qui se passe alors en nous, car la source de notre activité gît au plus profond de notre être, qui nous demeure inaccessible. Ce concept vague nous permet toutefois d'entrevoir que la contradiction signalée plus haut n'est qu'apparente puisqu'elle se résout en nous-même qui existons.

J'ai défini précédemment les aptitudes d'une manière générale et aussi prudente qu'il m'a été possible pour me tenir au plus près de l'expérience; mais il m'est permis de me demander si le lien que j'ai cherché entre les conditions qui constituent l'aptitude n'est pas précisément l'être en tant qu'actif, n'attendant pour agir que l'accomplissement d'une dernière condition. Le mot *potentiel* exprimerait peut-être avec justesse cette prédisposition de l'être prêt à passer de la *puissance* à l'*acte*, selon le vocabulaire d'Aristote, imité par celui de la mécanique moderne.

Il résulte de ces observations que l'être de l'univers est *actif* et que, en dernière analyse, le monde accidentel objectif et le monde phénoménal, qui en est la représentation consciente, sont la somme des effets produits par l'activité de l'être dans l'univers sans que l'être en soit ni diminué ni accru.

Ces notions, remarquons-le, n'ont rien de métaphysique, car elles n'ont pas du tout pour objet ce en quoi consiste l'être même, elles sont seulement des déductions logiques de données fournies par la conscience que j'ai de l'*existence*, non de la *nature*, de ma propre activité, et des résistances qui m'en révèlent des similaires dans le monde extérieur. De ce que ces notions sont abstraites il ne s'ensuit pas qu'elles soient métaphysiques; cette confusion de l'abstrait et du métaphysique, familière aux esprits positifs, je veux dire superficiels, est assez fréquente. Je ne sais plus quel philosophe évaluait la vérité de ses concepts à la somme qu'il eût pariée pour en répondre. Je reconnais un concept métaphysique à ce signe que je ne parierais pas qu'il est vrai, parce que l'objet de la métaphysique est précisément l'inconcevable. Je me sens au contraire prêt à parier tout mon avoir et ma vie même qu'il existe dans l'univers de l'être actif, éternel, d'où dérive tout le monde accidentel. Mais les doctrines sur le fond même de cet être, les ontologies des philosophes allemands, par exemple, suscitées par les conclusions de la critique kantienne, les systèmes de Fichte, de Schelling et de Hegel, tout en me captivant comme de dramatiques romans intellectuels, n'inspirent aucune sécurité à mon intelligence. Je ne me sentirais pas la témérité de risquer un mark sur la vérité d'aucune de ces spéculations pourtant admirables. Je n'ai certes pas pour cela l'impertinente sottise de les mépriser. C'est la recherche héroïque, non la découverte du vrai que j'y admire. Combien, dans les universités, de professeurs de philosophie joueraient leur traitement sur la vérité de tout ce qu'ils enseignent? Leur bonne foi, leur probité n'est ici nullement en cause. L'État ne rémunère que leur effort et la beauté de leur exemple; sinon, toutes les mines d'or de la terre ne suffiraient pas à payer la preuve péremptoire, inébranlable, qu'ils fourniraient à leurs concitoyens de l'immortalité de l'âme, du libre arbitre et d'une justice divine réparatrice des maux terrestres.

V

La transformation, que j'ai indiquée à grands traits dans les pages précédentes, des perceptions empiriques en idées et en concepts ne constitue pas tout le labeur de ma pensée. Ce n'est que le premier pas de mon activité intellectuelle dans ses démarches pour satisfaire en moi un des besoins les plus humains : la curiosité.

Mon intelligence interroge, en effet, sur chaque objet l'idée qu'elle s'en est faite et la confronte avec d'autres antérieurement acquises, de manière à obtenir par des opérations dites logiques (raisonnements déductifs ou inductifs, etc.) des réponses capables d'apaiser l'inquiétude qui la pousse à interroger.

L'origine de cette inquiétude est facile à observer chez l'enfant. Avec une patience et une ardeur instinctives, il expérimente ses aptitudes de toutes sortes. Il est stimulé à développer son intelligence par l'avantage et le plaisir qu'il trouve à l'exercer. Il ne se préoccupe d'abord que de se procurer des perceptions nouvelles, de faire simplement l'inventaire des objets qui l'entourent. Dès qu'il a spontanément reconnu dans l'un d'eux quelque caractère commun avec ce qu'il sait déjà de sa propre essence, il tend à compléter cette assimilation partielle, à concevoir l'objet tout entier sur le patron de l'essence humaine. L'anthropomorphisme, en un mot, devient le principe de toutes les questions qu'il se pose sur le monde extérieur et lui fournit toutes les réponses. Si, par exemple, il voit une grosse pierre rouler vers lui, avant d'être en état d'attribuer la vitesse accélérée qu'elle prend et la direction qu'elle suit à la pesanteur et à la ligne de la plus grande pente, il lui prête une intention à son égard, un motif passionnel d'agir, et il se demande lequel : si elle lui *veut* du mal. Puis, comparant le mouvement de cette pierre à sa propre façon de progresser, il s'étonne qu'elle puisse avancer sans jambes, et il se demande comment cela est possible. La première interrogation présuppose en lui la notion acquise d'un genre, l'idée générale d'intention, puis l'idée restreinte d'une espèce à déterminer dans ce genre, à savoir une certaine intention. La seconde interrogation présuppose également l'idée d'un genre, l'idée générale de locomotion, puis celle d'une espèce à déterminer dans ce genre, à savoir une certaine manière de se déplacer.

Or toute question posée sur un objet, qu'elle procède d'un enfant ou d'un homme fait, de n'importe quel sujet pensant, est constituée de même.

Elle implique : 1° une idée générale empruntée par le sujet au dépôt de ses notions antérieurement acquises, idée d'un genre qu'il présume, à tort ou à raison, contenir l'espèce inconnue, c'est-à-dire le caractère encore indéterminé propre à l'objet; 2° la détermination à faire de cette espèce dans ce genre, de ce caractère dans l'essence de l'objet.

Remarquons tout de suite que la question n'est fondée, n'a de sens et de portée qu'autant que l'espèce à déterminer n'est pas faussement présumée par le sujet appartenir au genre dans lequel il la classe. Pour être recevable, légitime, elle doit être appropriée à l'objet qu'elle vise. Les enfants et les gens sans culture posent très souvent des questions non recevables, et les doctes mêmes, avant Bacon, en posaient beaucoup sans y prendre garde. Ils ignoraient que la seule méthode pour éviter cette source des plus graves erreurs consiste à commencer, avant toute spéculation, par observer, analyser et démontrer le plus exactement et le plus complètement possible les caractères généraux et particuliers des objets étudiés. On établit par là des définitions de plus en plus justes de leurs essences, ce qui permet de les classer et de conjurer ainsi le risque d'imposer aux uns des caractères propres aux autres, à une tuile qui tombe, par exemple, l'intention de nuire, ou bien à la cause première une pensée et une volonté humaines.

On évite ainsi de se demander quel est le motif malveillant qui dirige la tuile dans sa chute sur le passant, ou comment la bonté infinie de Dieu se concilie avec les horreurs de la lutte universelle pour l'existence, avec le plus ingénieux supplice chinois, dont l'idée seule est intolérable au cœur. En se gardant d'assimiler l'essence divine à l'essence humaine, on s'épargne l'alternative ou de blasphémer ou d'approuver, sans le comprendre, ce que spontanément la conscience réprouve.

On serait tenté de conclure de l'analyse précédente que chez l'homme il n'existe pas une seule idée qui ne recèle, à quelque degré, de l'anthropomorphisme; que même une idée n'est objective qu'à cette condition, puisqu'elle ne l'est qu'autant que l'objet y contracte des caractères communs avec le sujet, c'est-à-dire avec l'homme. Mais ce serait prêter au mot *anthropomorphisme* une acception trop large et, partant, abusive, car tout ce qui entre dans l'essence humaine n'est pas exclusivement humain. L'étendue et la force physique, par exemple, en font partie, mais font également partie d'une infinité d'autres essences qui ont précédé l'organisation de l'homme sur la terre. Quand les caractères communs à l'objet et à l'essence humaine, tout en appartenant à celle-ci, ne lui appartiennent pas en propre, ne sont pas de ceux qui la spécifient en la distinguant de toute autre, leur identité dans l'objet et dans l'homme ne les affecte nullement d'anthropomorphisme. Bien loin d'être une cause d'erreur, elle est, au contraire, la garantie de l'objectivité de l'idée formée.

Ce qui importe dans la manière d'interroger

un objet, c'est de ne pas commencer par le dénaturer dans la formule même de la question posée.

Je bornerai là mon aperçu général des fonctions intellectuelles.

Ces préliminaires, malgré moi trop sommaires et trop longs à la fois, étaient utiles pour me permettre de poser d'une manière exacte et précise la question qui fait la matière de cette étude.

CHAPITRE I

Quand je cherche à concevoir réalisée dans l'univers une conscience intégrale de ce qui s'y passe et de ce qu'il est, de la nature la plus intime des unités collectives, individuelles ou personnelles qui le composent, je rencontre des difficultés radicales que je n'avais pas aperçues tout d'abord.

Première difficulté. — La première est de m'assurer si la question même que par cette recherche je pose à l'univers est recevable, légitime. Le phénomène de conscience que je constate dans mon propre for intérieur, je le présume chez les animaux terrestres par une induction que justifient l'analogie des organes, l'expression des formes et le succès des procédés de domestication et de dressage appliqués à plusieurs espèces. Le commerce intellectuel d'un chasseur avec son chien, par exemple, ne fait doute pour personne. Mais tout cela est terrestre et l'est peut-être exclusivement; jusqu'à quel point suis-je autorisé à étendre la catégorie de l'intelligence aux autres astres, au reste de l'univers? Je m'y sens entraîné par un instinct que je partage avec mes semblables : d'abord par cette répugnance invincible, du moins très forte et spontanée, que j'ai signalée dans les préliminaires de cette étude, à concevoir l'évolution universelle aveuglément nécessitée, ayant débuté par l'inconscience, non pas seulement dans le monde terrestre, mais aussi partout ailleurs. L'homme est porté à n'admettre l'inconscience initiale en sa planète qu'autant qu'une pensée supra-terrestre y a suppléé et s'est chargée d'y organiser la matière; c'est la doctrine représentée par les religions en général. En second lieu, bien que l'espèce humaine se proclame princesse de toutes les autres ici-bas et qu'elle n'ait encore pu découvrir aucun signe de vie certain dans les autres astres accessibles à son observation, elle n'en conclut pas que dans l'univers elle soit seule douée de conscience. Aujourd'hui surtout qu'elle a vu la terre se rapetisser à mesure que les limites de l'espace reculaient devant les assauts de l'astronomie, elle sent son génie conquérant humilié par l'infini même qu'elle a conquis. Elle sent une disproportion décidément trop grande entre l'échelon terrestre et le plus haut possible de la hiérarchie organique dans l'univers, et, comme c'est son degré de conscience qui lui assigne le premier rang sur la terre, elle en infère que partout ailleurs aussi l'individu s'élève d'autant plus haut, vaut d'autant plus par l'organisation qu'il est plus capable de connaître. Elle n'imagine pas de catégorie supérieure à celle de la conscience, mais elle n'ose prétendre qu'elle en soit le représentant suprême. Parmi ces raisons d'admettre la conscience au delà du monde terrestre, il en est de contestables, mais je n'aurai ni la témérité ni l'impertinence de renier la sage modestie de mon espèce et de supposer qu'il n'y ait de conscience qu'en elle. Je ne me hasarderai même pas à nier qu'il puisse, en des régions innomées, exister pour quelque autre espèce dont je n'ai nulle idée une catégorie supérieure même à celle de la conscience. L'exemple de l'aveugle-né incapable de rien soupçonner de l'espace visuel et des images qui le peuplent m'interdit de me prononcer sur ce point.

J'admets donc, sans grand risque d'erreur, que la question de la conscience puisse être légitimement posée à l'univers au delà de notre planète. Mais aussitôt se dresse une autre difficulté inhérente à cette entreprise.

Seconde difficulté. — A supposer que ladite question soit recevable, la constitution même de l'univers permet-elle en lui la conscience intégrale de lui-même? Si l'être de l'univers est unique, le monde accidentel n'existant, d'ailleurs, que par et dans l'être, je conçois la communication possible entre tous les éléments constitutifs de l'univers. Je ne suis donc pas, de prime abord, autorisé à nier en lui la conscience intégrale de lui-même.

Mais l'être de l'univers est-il unique? Spinoza l'affirme. Tout penseur qui n'est pa panthéiste le nie. Supposons donc que l'univers soit multiple, qu'il soit une collection d'êtres. Comme d'ailleurs cela seul existe à titre d'*être* (au sens que j'ai attribué à ce mot), comme cela seul *est* qui existe par soi et en soi, il ne peut rien y avoir de commun entre les êtres, sans quoi, contrairement à leur définition, ils existeraient à quelque degré les uns par les autres, les uns dans les autres. Par suite, je ne conçois aucune communication possible entre eux, et je suis obligé d'en conclure que la conscience de l'univers par lui-même y doit être divisée, morcelée, qu'il existe autant de consciences partielles de l'univers que d'êtres qui y sont respectivement objets de connaissance à eux-mêmes. Si donc cette hypothèse exprime la réalité, il n'y a nulle part une conscience intégrale de l'univers.

Troisième difficulté. — Les difficultés que j'ai considérées jusqu'ici sont étrangères à la nature même de la conscience, elles sont extrinsèques. Mais en analysant les conditions impliquées dans le fait même de conscience, je rencontre une difficulté nouvelle, intrinsèque, à la connaissance de l'être par lui-même; il importe de la signaler. Je ne peux le faire qu'en observant ce qui se passe en moi, c'est-à-dire dans l'homme.

J'ai constaté, dans les préliminaires, que l'homme a conscience de l'existence et de l'activité de son être, non de son être même. Il ne peut même pas s'assurer si son être est simple ou s'il est composé. Peut-être l'homme n'est-il autre chose qu'un système de données héréditaires d'origines distinctes et diverses, aptitudes virtuelles attachées à leurs substrata respectifs, lesquels constitueraient seuls tout ce qu'il y a d'être en lui. Dans ce cas, le mot *moi* désignerait une unité purement collective, la résultante de ces apports synthétisés. Ma conscience ne me fournit immédiatement rien qui m'autorise à me prononcer sur ce point, car son témoignage, laissant indéterminée la nature de l'unité qui me confère l'individualité personnelle, donne ouverture à cette hypothèse dans laquelle ce que je sens indivisible en moi, ma personne, ne serait pas un être indivisible, mais n'aurait d'autre réalité ni d'autre indivisibilité que celles d'une résultante. Une résultante existe sans doute, mais dépourvue d'être proprement dit, car l'être n'appartient qu'à ses composantes. Je ne me reconnais en état ni d'admettre ni de rejeter cette supposition.

Unité collective ou unité simple, mon individualité personnelle, mon *moi* est, sinon constitué, du moins conditionné par de l'être, simple ou composé, que j'appelle *mon être*. Or c'est dans mon être que je puise la conscience réfléchie de moi-même, non dans ses modifications. On en pourrait douter parce que je n'affirme pas spontanément ma propre existence. Il faut, en effet, que j'y sois incité, que je reçoive du dehors quelque modification interne; mais ce n'est pas dans cette modification même de mon être que je le sens alors exister; elle n'est que la cause occasionnelle de mon acte de conscience réfléchie. J'affirmais, en effet, mon existence, sous pareille incitation, dans le temps où je partageais encore l'illusion, commune à la plupart des hommes et difficile à déraciner, que ces états accidentels de l'être humain, tels que les odeurs, les saveurs, les sons, les couleurs surtout, sont des qualités étrangères au sujet même qui flaire, goûte, entend ou voit, et appartiennent en propre aux objets qui l'impressionnent. Plus tard seulement, j'ai reconnu qu'on doit attribuer à ceux-ci non pas ces états, mais ce qui les cause, c'est-à-dire l'action mécanique, le dynamisme de l'impression. C'est donc bien dans mon être, non dans ses modifications, que j'aperçois mon individualité personnelle, mais sans apercevoir immédiatement si cette unité est collective ou simple.

Il résulte de cette analyse que, sous l'impression du monde extérieur, il y a conscience *immédiate* en moi de mon existence, en tant qu'être, et de ma personnalité; mais cette conscience immédiate n'est pas assez profondément *interne* pour atteindre et pénétrer l'être que je suis ou qui me conditionne.

Ici se pose une question fondamentale, délicate à résoudre, qui est précisément celle que j'ai soulevée au début. Je me demande si je dois imputer cette limitation du champ de ma conscience à une impuissance uniquement humaine ou y reconnaître une impossibilité absolue et générale. Je me représente nettement ce que c'est pour un individu que d'avoir conscience de certaines choses, de son existence par exemple, d'une modification de soi; j'en ai fait sur moi-même l'expérience. Or il s'agit de savoir si dans un individu, quel qu'il soit, il est possible que l'être ait conscience de l'être même? Il faut, pour y parvenir, examiner quelles sont les conditions requises pour qu'il y ait conscience. Je les trouve remplies dans mon propre individu, tant que je me borne à proposer pour matière à ma conscience l'existence et les modifications de mon être; mais je n'arrive plus à les réaliser quand je lui propose pour matière mon être même. D'où vient cette différence? Je la découvrirai peut-être en cherchant en quoi ces conditions sont affectées par la substitution du second cas au premier.

Prendre conscience suppose deux termes : un sujet pensant et un objet pensé. Examinons, en premier lieu, le cas où l'objet est extérieur au sujet. Dans ce cas, le sujet ne peut prendre conscience de l'objet même; il devrait pour cela prêter sa conscience à l'être de celui-ci. Il ne peut communiquer avec lui que par des modifications qu'il en reçoit. C'est chez l'homme, nous le savons, par l'intermédiaire des sens. Le premier stade de la pensée est la perception, qui recueille les sensations déterminées dans le sujet par l'impression de l'objet sur les nerfs sensitifs. L'esprit opère d'abord par synthèse, il relie les sensations entre elles par des rapports qu'il peut arbitrairement y considérer, mais qui, d'ordinaire, correspondent à un système de rapports prédéterminé, prescrit entre les éléments de l'objet par son unité même. Il exerce ensuite son activité sur les perceptions pour comparer, abstraire, généraliser, déduire, induire, etc. Il nous importe seulement ici de retenir que, en dernière analyse, pour qu'il y ait connaissance d'un objet extérieur par un être, il faut : 1° que cet être reçoive de l'objet des modifications qui en soient les signes en lui; 2° qu'il prenne conscience de ces signes et de certains rapports établis entre eux ; 3° qu'il ait conscience de l'objectivité de ces rapports, c'est-à-dire de leur correspondance avec ceux qui, au dehors, caractérisent l'objet en le distinguant de tout autre, qui, en un mot, le définissent.

Il résulte de ces conditions qu'un être pensant aperçoit seulement, exclusivement, ce qui se passe en lui-même et ne fait qu'en induire ce qui se passe au dehors.

Examinons maintenant le cas où un être pensant propose son être même pour objet à sa conscience.

Si je conserve au mot *conscience* la signification que ma propre expérience m'a permis de lui donner (et je ne peux évidemment pas lui en assigner d'autre), je suis obligé de reconnaître que la tentative de cet être sera vaine. Voici pourquoi : tel que je le constate en moi, tout acte de conscience réfléchie, de connaissance, implique un dualisme, l'opposition d'un objet à un sujet. Or, dans le cas présent, l'être pensant ne peut réaliser cette condition. En effet, il ne pourrait être un objet à lui-même, qu'en *se doublant lui-même*, car il ne s'agit plus, comme dans le cas précédent, d'un objet impressionnant un sujet pour s'y faire représenter par un signe. Comment l'être s'impressionnerait-il lui-même et comment pourrait-il être intégralement représenté par une modification de lui-même? Et à supposer qu'il pût se représenter à lui-même, ce serait encore se dédoubler; il ne s'agirait plus, en effet, d'un acte de conscience constatant des rapports entre des signes, mais bien d'une prise de possession *intégrale* de l'objet par la conscience du sujet au moyen d'un signe; or un signe identiquement conforme à ce qu'il représente n'est plus, à proprement parler, un signe, c'est un exemplaire. La représentation dans ce cas, entièrement égale et substituable à l'être même représenté, n'en différant à aucun égard, supposerait donc une multiplication de l'être par lui-même en lui-même, c'est-à-dire à proprement parler une création *ex nihilo* d'un être en tout pareil au premier; conséquence absurde. Pour prévenir toute objection du lecteur à la manière même dont je conçois l'acte de connaître, je lui confesse que s'il le conçoit possible sans deux termes dont l'un soit représenté par l'autre, je ne suis pas capable d'attacher le même sens que lui au mot *connaître*. Or je me suis imposé pour règle dans cette étude de donner un sens parfaitement clair pour moi à tout ce que j'énonce.

Me voilà donc logiquement amené à nier la possibilité pour l'être d'avoir conscience réfléchie, en un mot connaissance de l'être même.

Cette conclusion m'étonne et m'inquiète beaucoup. J'ai peut-être mal raisonné ou raisonné juste sur des prémisses incomplètes et inexactes. Bien que je n'aperçoive pas par où elle est absurde, je ne laisse pas de m'en défier, et je ne me résigne pas à voir par les raisons que j'ai dites l'univers destitué de la conscience de son être. Mais malgré tout mon désir de l'y constater, et en admettant qu'elle y soit possible, je ne peux réussir à la lui reconnaître intégrale. Je vais m'expliquer.

Je peux bien admettre que, virtuellement au moins, elle y ait de tout temps existé, car comment concevoir un état de choses *totalement* étranger à la conscience et qui, néanmoins, en eût déterminé l'apparition? Mais, à ma grande surprise encore, je suis obligé de douter qu'elle ait jamais pu et puisse jamais s'y réaliser autrement qu'à l'état fragmentaire. Tâchons, en effet, de concevoir réalisé dans l'univers l'état d'entière et universelle conscience.

En premier lieu, à supposer que chacune des essences individuelles qui le composent eût pleine conscience d'elle-même (ce qui, d'ailleurs, m'est impossible à me représenter, car je n'ai pas une conscience immédiate, adéquate de moi-même), la somme de ces pleines connaissances séparées ne se centralisant nulle part, nulle part le Tout ne serait entièrement connu.

En second lieu, à supposer qu'il le fût quelque part dans un centre individuel, il faudrait donc que cet individu, pour que sa connaissance fût entière, adéquate à l'objet, prît conscience *immédiate* du monde extérieur, de ce qui n'est pas lui. Or cette conséquence est absurde, car, pour un individu, prendre conscience immédiate d'une chose, c'est faire de sa propre conscience celle de cette chose, c'est en cela devenir cette chose même. L'individu ne saurait à la fois conserver sa personnalité définie par sa conscience et aliéner celle-ci. Supposer une personne consciente, connaissant tout sans nul intermédiaire, c'est identifier la conscience de cette personne à autant de consciences individuelles qu'il y a d'objets distincts à connaître, c'est la destituer de toute individualité propre, c'est la supprimer par les conditions mêmes qu'on impose à son existence.

Reste donc l'hypothèse de l'omniscience réalisée dans l'univers sans être concentrée nulle part, sans être attribuée à aucun sujet conscient individuel. C'est exiger de l'homme le concept d'une conscience impersonnelle, concept qui échappe à sa compréhension et ne peut même que lui sembler contradictoire, car c'est uniquement en lui-même qu'il puise l'idée de conscience ; or cette idée est pour lui attachée à celle d'un centre où la conscience germe et se développe, d'un *moi* circonscrit où se détermine tout acte de connaissance. L'esprit, en effet, n'est pas comparable à un miroir passif; penser, c'est agir. L'image de l'objet dans l'esprit prend le nom d'idée; l'idée, nous le savons, est, au premier degré, une perception des rapports intrinsèques que comportent entre elles les sensations représentatives de l'objet. Or le mot *percevoir*, comme les mots *concevoir* et *comprendre*, signifie précisément l'acte qui relie et ramène à l'unité ces sensations distinctes, car l'impression de l'objet, qui les fait naître, en propose, mais n'en impose pas la synthèse à l'esprit. Il peut les combiner arbitrairement; mais comme sa fonction naturelle consiste à en saisir l'objectivité, il adopte ou cherche la combinaison qui représente l'unité réelle constituant l'objet. S'il en est ainsi, la conscience implique une activité qui la différencie d'un miroir passif et l'individualise en la concentrant par l'attention sur son objet. Chez l'homme, l'attention est fréquemment un acte consciemment voulu, mais tel n'en est pas le caractère essentiel; dans l'admiration, par exemple, l'attention est purement contemplative, toute spontanée, et chez l'enfant mis en présence d'un objet seulement nouveau, elle est souvent intense inconsciemment. On peut donc l'attribuer à tout exercice de la pensée dans un sujet quelconque. En aucun cas, je ne reconnais donc que la conscience puisse être impersonnelle.

Il ne m'échappe pas que le sujet dont il s'agit dans la question qui m'occupe, c'est l'être métaphysique, et que les attributs de cet être engendrent dans les jugements humains des contradictions qui n'empêchent pas la chose contradictoire en apparence d'exister réellement. Par exemple, l'infinité appliquée, dans le temps, au monde accidentel engendre contradiction, car logiquement ce monde ne peut ni avoir commencé ni n'avoir pas commencé, et il n'en existe pas moins. Ne se pourrait-il donc pas que la contradiction engendrée par l'attribution de la conscience de soi à l'être n'empêchât pas l'être de la posséder? Je le voudrais, mais je suis obligé de m'avouer que les deux cas ne sont pas assimilables : dans le premier, en effet, l'antinomie naît d'une application de l'attribut métaphysique, l'infinité, au monde accidentel; dans le second, au contraire, la conscience de soi est appliquée à l'être métaphysique et il s'agit de savoir si elle est un attribut métaphysique. L'objection porte à faux; elle n'est pas valable.

Je n'ai pas épuisé le recensement de tous les obstacles pour un être quelconque à une connaissance intégrale de l'univers. Il en est un encore, mais incertain, car, s'il est valable aux yeux de la plupart des hommes, il paraîtra illusoire à plus d'un penseur. Je veux parler du rôle assignable au libre arbitre dans le monde accidentel et phénoménal. Pour Spinoza*, par exemple, et pour les savants qui généralisent le déterminisme, qui en font la loi de tous les événements d'ordre quelconque, physique ou moral, l'état présent de l'univers est entièrement solidaire de son passé et prescrit entièrement son avenir. Il s'ensuit que, si d'ailleurs aucune raison d'un autre ordre ne s'y opposait, une conscience intellectuelle supposée assez profonde et assez étendue pourrait, à un moment quelconque de l'évolution universelle, instituer la science complète et définitive de l'univers. Le plus grand nombre, au contraire, tous ceux qui se fient, soit aveuglément, soit après examen, au sentiment qu'ils ont d'un vouloir en eux indépendant et responsable, pensent qu'il leur appartient de modifier non pas, certes, la loi même de la gravitation universelle, par exemple,

---

* On se rappelle la définition que Spinoza, au début de l'*Éthique*, donne de la chose libre : *Ea res libera dicetur quæ ex solâ suæ naturæ necessitate existit et à se solâ ad agendum determinatur*. Définition déconcertante (presque ironique) pour les partisans du libre arbitre.

mais bien la chute particulière de tel corps terrestre, situé à leur portée, d'une manière tout à fait impossible à prévoir pour tout autre qu'eux-mêmes. Ils pensent que le genre humain, par son initiative propre, soustraite à toute induction scientifiquement fondée, a transformé la surface de sa planète et la transformera sans que non plus personne au monde ait pu ni puisse le prévoir. « Personne, excepté Dieu ! » ajoutent les adeptes des doctrines religieuses ou déistes. Ce correctif suppose toute une métaphysique sur laquelle les opinions humaines sont plus partagées que sur la question même du libre arbitre. L'importance de celle-ci, au point de vue de l'omniscience, n'en est donc pas suffisamment affectée pour que je me sente le droit de la négliger. Quand je vois des hommes mis en garde et parfaitement armés contre tous les préjugés, affranchis de toute croyance aux religions, des savants, revendiquer pour la science positive l'honneur d'avoir régénéré la conscience morale dans l'humanité, quand je les vois partager les émotions ordinairement attachées à la croyance au libre arbitre, la noble fierté du travail, le besoin de mérite, la joie pure qu'engendrent l'estime de soi-même et l'admiration conquise sur autrui, et en jouir comme d'un hommage à la volonté vouée au service du génie, je m'incline devant un pareil acte de foi. Il me semble d'autant plus inquiétant pour les partisans du déterminisme universel que les savants dont je viens de parler, pour conserver leur foi dans le libre arbitre, y sacrifient en partie la rigueur ou la portée de la méthode qui leur a valu leur gloire. Ils se résignent à scinder le monde accidentel en deux départements distincts : l'un relevant de cette méthode et l'autre la récusant.

Si je me range à l'opinion de ces savants, je dois admettre dans la trame nécessaire des événements l'intervention d'un facteur qui peut en rompre les fils à tout moment en plusieurs points à la fois. Je dois admettre que, dans la sphère des événements psychiques, il en est un, la volition, qui échappe à l'induction scientifique et y soustrait, dans le milieu ambiant, tous les événements qu'il subordonne. Dès lors, il ne faut pas songer à la possibilité pour un être d'une science entière et définitive du monde accidentel.

J'ai analysé et formulé de mon mieux les difficultés et les restrictions capitales qu'entraîne le concept hypothétique d'une conscience intégrale de l'univers en quelque être que ce soit, et sans doute il en existe d'autres encore qui m'ont échappé.

En résumé, de la critique précédente il résulte que, pour l'esprit humain (tel du moins que je le trouve en moi), il est contradictoire de supposer l'univers rendu tout entier et intégralement intelligible à un individu pensant, quel qu'il puisse être, comme aussi de supposer une connaissance *impersonnelle* de l'univers par lui-même et même une connaissance impersonnelle de quoi que ce soit.

Ainsi, alors même que ma conclusion initiale ne serait pas acceptée, alors même que, dans l'univers, l'être ne serait pas entièrement impénétrable à sa propre conscience, il y demeurerait *nécessairement de l'être inconscient*. Il existerait un inconnu irréductible pour toute intelligence, pour n'importe laquelle, humaine ou autre, quelque chose d'*absolument inconnaissable*. Cette nouvelle conclusion révolte encore mes aspirations contre ma propre raison; mais plus je la retourne, moins j'en découvre le vice paradoxal. Je suis contraint de l'admettre, à moins de modifier les conditions imposées à la connaissance par la seule signification claire que je puisse attacher à ce mot, ou de consentir à ne plus savoir ce que je dis quand j'en use.

Dès lors, je dois écarter comme irrationnelle, irréalisable l'hypothèse de la connaissance adéquate et universelle, de la science intégrale, soit dans l'individu, soit dans tout l'être sans distinction, soit personnelle, soit impersonnelle. Toutefois je puis ne pas rejeter cette hypothèse tout entière et la rendre recevable, à la condition d'en exclure toute contradiction; or pour cela je suis obligé d'en restreindre la portée. Considérons donc la somme du connaissable dans ces conditions nouvelles.

Elle se divise en trois parts. Si l'on concède que l'être n'échappe pas nécessairement tout entier partout à la conscience de soi-même, la première part comprend ce que, chez l'individu le plus conscient de l'univers, l'être peut, par intuition immédiate, apercevoir de l'être même. La seconde part comprend le plus grand nombre possible d'événements distincts que l'individu pourvu des plus efficaces moyens de communication par le monde phénoménal avec le monde accidentel puisse constater de celui-ci et tous les rapports immédiats et particuliers constatables entre ces événements sans induction, ni déduction, ni abstraction, c'est-à-dire le maximum de devenir accessible à l'observation directe pour l'individu le mieux organisé à cet effet. La troisième part enfin comprend les rapports constants les plus généraux, autrement dit le minimum de lois que l'individu le plus intelligent puisse logiquement dégager des données empiriques acquises par le précédent; en d'autres termes encore, l'identification la plus complète possible de ces données par la découverte de leurs caractères communs.

On voit que le maximum de connaissance possible ne sera réalisé que par la collaboration de ces trois individus, respectivement les mieux doués pour s'assimiler les trois catégories du connaissable, de telle sorte que chacun d'eux bénéficie de la science des deux autres; à moins toutefois qu'il ne soit réalisé par la fusion de ces trois individus en un seul qui réunisse toutes leurs aptitudes mentales. S'il en est autrement, en effet, si chacun de ces trois individus demeure isolé des deux autres, ou s'il n'en existe aucun qui soit, à lui seul, doué comme ils le sont ensemble, la somme du connaissable ne sera pas tout entière concentrée dans une même conscience intellectuelle, et, dès lors, personne, dans l'univers, n'en connaîtra tout ce qui en sera connu d'eux par fractions éparses. La somme du connaissable ne sera donc entièrement assimilée par aucun individu pensant.

Du moins, parmi tous les êtres doués et organisés pour la connaissance, on conçoit qu'il en existe un chez qui ces aptitudes se trouvent dosées plus favorablement que chez les autres. C'est à celui-là que se révèle, sinon tout le connaissable, du moins tout ce qui, au moment considéré, en peut être assimilé par une même conscience intellectuelle.

En résumé, j'ai établi une distinction, indiquée par la nature des choses, telle qu'elle m'apparaît, entre : 1° l'*inconnaissable* absolu, c'est-à-dire l'inconnaissable pour n'importe quel être pensant; 2° le *connaissable*, qui n'est pas le connu, mais que s'assimile progressivement la conscience dans l'être individualisé et de plus en plus personnalisé par l'évolution universelle; 3° le *connu*, l'état le plus avancé de la science, à un moment donné de cette évolution, dans la personne la plus consciente de l'univers et la mieux organisée de toutes pour connaître; 4° la science humaine, la condition faite et la position tant acquise que promise à l'esprit humain dans l'ordre intellectuel. C'est l'objet même de la présente étude.

CHAPITRE II

UNE question préjudicielle se pose qu'il m'importe de résoudre d'abord. Le connaissable de l'univers est-il variable ou constant?

La réponse dépend de la solution donnée au problème du libre arbitre. Si, avec Spinoza, je nie la réalité de celui-ci, le connaissable est constant, car rien d'indéterminé n'intervient pour altérer les conditions qui le nécessitent et le fixent. Examinons le cas où la réalité en est au contraire admise. Le monde accidentel dans ce cas n'offre plus que des éventualités, puisque chaque événement, en tant que subordonné au libre arbitre par voie directe ou indirecte, peut aussi bien arriver que n'arriver pas. Du moins il y a risque pour ce monde d'être entièrement éventuel, car j'ignore encore jusqu'où peut s'étendre le champ de l'activité libre. Il ne s'ensuit pas sans doute que toute matière à science s'évanouisse. Le libre arbitre, tel que l'homme se sent invinciblement porté à le reconnaître en lui, tel qu'il le conçoit (et il n'a pas le droit de mettre autre chose sous ces deux mots), le libre arbitre n'est pas de nature à compromettre l'existence de l'être, qui est éternel, ni à entamer ce qui le constitue. Ce en quoi consiste l'être, je l'ignore; mais le monde accidentel m'en offre du moins d'innombrables manifestations, telles que les divers mouvements qu'étudient l'astronome, le physicien, le chimiste, etc., le processus si complexe appelé la vie chez le végétal et chez l'animal. En cet inconnaissable à l'homme gît le principe de toute activité, ou plutôt ce principe ne se distingue pas de l'être même, il ne fait avec celui-ci qu'une même et indivisible chose. Par conséquent, l'exercice du libre arbitre ne saurait l'atteindre. C'est au contraire le libre arbitre, l'activité absolument indépendante qui, si elle est réelle, procède de lui. Mais cette remarque va me mener plus loin que je ne croyais m'engager d'abord en concédant la réalité du libre arbitre. En effet, comme il serait contradictoire qu'une activité libre eût pour cause un principe nécessaire, la croyance au libre arbitre me semble entraîner logiquement la foi dans une cause libre aussi de tout le monde accidentel. Cette cause présenterait donc tous les caractères de l'activité supposée libre, à savoir l'aptitude au choix, c'est-à-dire aux volitions réfléchies déterminant les actes, par suite l'individualité personnelle que suppose la conscience, en un mot tous les caractères d'une divinité anthropomorphe. Dès lors la constance des lois du monde accidentel ne serait que la persévérance des volitions divines, seules causes premières des événements qui le composent, et l'aptitude à vouloir chez l'homme et chez tous les êtres libres devrait être considérée comme une sorte de délégation que la divinité leur ferait de la sienne dans le champ d'activité qu'elle leur mesure. Je ne vois, je l'avoue, aucune échappatoire à ces conséquences; mais j'avoue aussi que les prémisses, le concept du libre arbitre me semble le plus irrationnel qu'on puisse tenter de former. J'en prendrais mon parti de bon cœur, me contentant de me sentir libre dans mes volitions aussi nettement que je me sens vouloir; mais ce concept n'est pas seulement au-dessus de mon intelligence, il me paraît contradictoire au premier chef, par suite impossible à former pour n'importe quelle intelligence. Être absolument libre d'agir ou de s'abstenir, de faire ou ne pas faire une chose, c'est demeurer absolument indépendant de tout motif de choisir, car un motif qui ne laisserait pas l'option indéterminée introduirait la nécessité dans la délibération. C'est donc pour l'agent ne dépendre de rien, pas même de ses prédilections, car elles sont prescrites par son être; c'est donc pour lui, en dernière analyse, ne dépendre même pas de son être, bien que sa volition délibérée ne soit au fond qu'une modification de son être et l'exprime; conséquence contradictoire. Quant à moi, je ne suis pas si exigeant; je me résignerais comme Spinoza à savoir que ma volition est toujours nécessitée, à condition qu'elle ne le fût jamais que par ma propre nature. Je me sentirais sinon libre, du moins libéré de toute contrainte, idéal de ma vie. Mais cet idéal ne satisfait pas, paraît-il, l'immense majorité de mes semblables; il leur faut davantage, ils entendent ne dépendre pas même de ce qu'ils sont, et moi-même, en dépit de ma raison, au moment où j'écris ces lignes, je sens réel en moi ce que je juge absurde, l'indépendance absolue du vouloir qui conduit ma plume, et j'éprouve en les publiant tous les scrupules, toutes les alarmes de la responsabilité. Que faire? car si je n'arrive pas à vaincre ces contradictions, il faut que je renonce à l'entreprise de noter ce qu'il y a de constant dans le connaissable, et ainsi la matière de la science demeure indéterminée proportionnellement au rayon de la sphère départie à l'activité libre dans l'univers.

Pour concilier ici les droits de la raison et ceux de l'intuition étrangement en conflit, j'en suis donc réduit à poser un postulat qui soit un compromis. Je propose le suivant : quelle que soit la part accordée à l'activité considérée conme libre dans la détermination des événements qui composent le monde accidentel, cette part est limitée, en fait, sinon en principe, par la persistance de ce qu'il y a de commun à ces événements, par la constance de leurs rapports les plus généraux, en un mot de leurs lois.

Ainsi, selon ce postulat, le libre arbitre dans l'univers entrerait comme une composante de plus, impossible à prévoir, dans les systèmes que forment entre elles les forces, les activités particulières exercées par les unités individuelles (corps bruts, végétaux, animaux). Il est capable d'en modifier à l'improviste les résultantes et par suite les effets, mais il ne change en aucune façon leurs lois. Celles-ci demeurent indépendantes des variations accidentelles qu'implique l'exercice individuel de ces activités. Je puis, par exemple, arrêter subitement la chute d'un corps par un acte volontaire sans pouvoir néanmoins rien changer aux lois de la gravitation universelle. Ces lois ont été déduites de propriétés reconnues communes à tous les corps qu'on observe sans y présumer l'intervention du libre arbitre et par induction attribuées aux corps inaccessibles tels que la multitude innombrable des astres. Mais encore faut-il qu'on ait le droit de ne pas présumer toujours l'intervention du libre arbitre dans le monde accidentel; encore faut-il qu'elle n'y soit pas générale, qu'elle soit restreinte à des champs d'influence limités, sinon toute science expérimentale serait paralysée. Si, en effet, à tous les moments de la gravitation de tous les corps, la trajectoire et la vitesse de chacun d'eux étaient modifiées par quelque activité libre étrangère à la leur, aucune expérience ne pourrait révéler au physicien que l'effet de cette activité ne compte que pour une composante dans leurs mouvements; l'existence des lois de leur chute demeurerait cachée et toute induction serait rendue impossible; c'est pourquoi le postulat doit imposer une limite au champ de l'activité reconnu libre. J'ajoute que la concession faite par la raison à l'intuition n'étant que postulative, la raison fait ses réserves relatives aux conséquences métaphysiques possibles de cette concession, d'autant que l'objet métaphysique est inconnaissable, du moins à l'esprit humain.

Tout un département du connaissable est donc, en somme, soustrait par ce postulat aux perturbations éventuelles inopinément apportées dans le monde accidentel par le libre arbitre tenu pour réel. Si donc je ne considère que cette portion-là du connaissable, je la pourrai traiter comme une donnée constante. Aussi bien est-ce la seule qui intéresse la science humaine. Il faut, en effet, refuser à celle-ci tout de suite le domaine presque entier de la statistique universelle. Ni les sens de l'homme, ni les moyens d'observation les plus ingénieux dont il puisse jamais disposer ne lui permettront de songer à faire le recensement de toutes les unités individuelles, de tous les événements de l'univers et de leurs relations particulières. A peine l'historien le plus sagace arrivera-t-il à dresser le catalogue exact des faits les plus importants de l'évolution de l'humanité, et le naturaliste qui s'en tient aux classifications ne sera jamais sûr d'avoir épuisé le nombre des espèces végétales ou animales.

J'avoue que si j'ai introduit le postulat ci-dessus énoncé dans la connaissance, c'est moins encore par égard pour les savants illustres demeurés fidèles à la croyance au libre arbitre que par effroi d'un saut périlleux.

Pour la commodité du discours, sans attribuer d'ailleurs à cet artifice aucun autre avantage ni la moindre importance mathématique, je vais emprunter à l'algèbre son symbolisme le plus simple.

Soit X l'inconnaissable absolu.

X est une constante.

Soit C le reste, le connaissable de l'univers.

Il ne s'agit pas ici, nous le savons, de la multitude infinie des faits particuliers, c'est-à-dire des perceptions objectives successivement ou simultanément réalisables par la foule des individus doués, à des degrés divers de l'échelle des êtres, pour la connaissance des événements et de leurs substrata. C ne désigne que les lois éternelles qui peuvent être dégagées, en somme, de cette masse, chaotique en apparence, d'expériences individuelles et transitoires, et la connaissance intuitive de l'être par l'être, si tant est que l'être soit pénétrable à lui-même, et dans la mesure où il pourrait l'être. Je rappelle, du reste, que cette intuition est refusée à l'homme.

C'est donc une constante.

Soit y la part qui revient à l'esprit humain des conquêtes faites sur le connaissable par la conscience dans l'univers ; y représente donc ce que l'esprit humain, à un moment donné de son évolution, a rendu intelligible de l'univers, ou, en d'autres termes, la somme des connaissances humaines à un moment donné de leur histoire ; y dépend d'ailleurs de ce moment qui change sans cesse ; c'est donc une variable.

Remarquons que le rapport de y au temps n'est pas réellement mathématique, comme le serait, par exemple, le rapport de l'espace parcouru à l'unité de temps dans l'expression d'une vitesse.

Soit x la différence entre C et y ; x varie avec y, et ces deux termes se combinent de telle sorte qu'on a toujours fonction $(y, x) = C$. Dans cette équation, plus y augmente, plus x diminue ; néanmoins l'expression exacte du rapport de ces deux termes, c'est-à-dire de l'influence sur y des accroissements qu'il emprunte à x, n'est pas mathématique non plus. Un accroissement de y ne représente pas une simple addition arithmétique d'une notion nouvelle conquise sur *x*, mais bien une modification tout intellectuelle de *y* par cette conquête; *(y, x)* n'est donc pas, à proprement parler, une fonction mathématique, bien que finalement *x* diminue quand *y* augmente.

L'homme peut-il espérer que, un jour, par l'accroissement continu de *y*, il réduira *x* à zéro, de sorte qu'il n'y ait plus d'inconnu pour lui que X ? Il faudrait, pour y réussir, qu'il fût, dans le Tout, l'individu le plus conscient et dont la conscience eût le plus de communication avec le reste de l'univers. Or, nous le savons, l'individu humain a de commun avec ce qui n'est pas lui, avec le monde extérieur, certaines catégories; par exemple, dans l'ordre physique, l'étendue corporelle, la durée, la force, le nombre; dans l'ordre psychique, la sensibilité, la pensée et la volonté, comme en témoigne l'expression des états intérieurs d'autrui et de certains animaux par la physionomie et la voix. Mais rien ne nous garantit que ces diverses catégories soient les seules qui existent dans l'univers. De ce que nous ne pouvons pas en imaginer d'autres, il ne s'ensuit pas qu'il n'y en ait effectivement pas d'autres, de même que de l'impossibilité où est l'aveugle-né d'imaginer la lumière il ne résulte pas que la lumière n'existe pas pour les yeux des autres hommes. Pourquoi n'y aurait-il pas dans l'univers des individus participant à d'autres catégories qui leur permissent de communiquer avec des choses dont l'accès est interdit à l'intelligence humaine, dont nous n'avons même pas la moindre idée? Grâce à ces catégories, ils seraient capables de poser à l'univers des questions dont nous n'avons non plus aucune idée.

L'homme n'est même pas capable de répondre aux questions que ses propres catégories lui permettent de poser. Admettons, en effet, que son œuvre scientifique soit achevée, qu'il soit parvenu à synthétiser toutes les lois partielles consignées dans les sciences positives, et à les convertir en une seule loi formulée algébriquement par une seule équation, de manière à pouvoir exprimer numériquement, moyennant le minimum de mesures empiriques requises, tout phénomène tombant sous son observation interne ou externe. Le champ de la connaissance se trouverait clos pour lui avant que son intelligence fût entièrement satisfaite, car une loi, si compréhensive qu'elle pût être, quand même elle ne laisserait hors de ses prises aucun événement de l'univers, ne serait encore que l'expression de ce qu'il y a de commun à tous les événements sous leur diversité, c'est-à-dire une constatation d'ordre accidentel encore. Cette loi expliquerait tout, excepté elle-même. L'esprit humain se demanderait encore ce qui la détermine et sa raison d'être. Cette raison est métaphysique pour lui; elle gît, soit dans X, soit dans ce qu'il ne pourra jamais pénétrer de x. En effet, la métaphysique humaine a précisément pour objet ce qui resterait encore inconnu à l'homme après l'achèvement supposé du travail de son intelligence sur les rapports tirés par elle des données que lui fournit sa double observation interne et externe, c'est-à-dire après la plus grande généralisation possible de ces rapports.

Dans notre équation, il y a donc pour y une valeur maxima inférieure à C et par suite pour x une valeur minima supérieure à zéro. Ce minimum, ajouté à X, constitue tout le domaine de l'inconnaissable, c'est-à-dire de la métaphysique pour l'homme.

CHAPITRE III

Pour préciser davantage ces résultats, il me faut approfondir, autant qu'il m'est possible, en quoi consistent les relations intellectuelles d'un être quelconque avec le monde extérieur. Déjà précédemment j'ai eu, sur ce point, à généraliser les données fournies par la psychologie humaine, à signaler les conditions requises pour qu'un être, quel qu'il soit, puisse prendre conscience de ce qui existe hors de lui. J'ai maintenant à les examiner de plus près.

La première de ces conditions, c'est que la chose dont l'être doit prendre conscience soit objet de connaissance. Or elle ne l'est qu'autant qu'elle est suffisamment différenciée dans l'univers, qu'autant qu'elle y constitue soit une unité simple, irréductible, soit une unité composée, un ensemble dont les éléments soutiennent entre eux certains rapports qui distinguent cette chose de toute autre, qui, en un mot, la déterminent. Ces éléments et ces rapports constants qui les synthétisent forment ce que j'appelle l'*essence* de la chose, et j'en appelle les *propriétés* tout ce qui, à un titre quelconque, la caractérise en la distinguant. Quand les éléments constitutifs de la chose sont eux-mêmes des unités composées, des individus dont les essences respectives ont des caractères communs, la chose est collective et son essence est déterminée par le rapport d'identité de ces caractères communs, c'est une *espèce*, et les espèces peuvent de la même manière constituer une chose qui soit aussi objet de connaissance sous le nom de *genre,* et ainsi de suite. Mais ce qui demeure dans l'indétermination, sans essence définie, ne saurait être objet de connaissance. Ainsi, d'une part, des données qui n'auraient rien de commun entre elles, hormis d'exister, pourraient bien être respectivement des objets de connaissance distincts (simples ou composés); mais leur collection ne constituerait, faute d'essence, l'objet d'aucune science autre que l'arithmétique, les seuls rapports qu'elles soutiendraient entre elles, rapports de pure coexistence, étant exclusivement numériques. D'autre part, des données soutenant entre elles des rapports de diverses espèces, mais qui, à chaque instant, varieraient du tout au tout, de manière à n'offrir ni commune mesure, ni terme de comparaison, rien de constant, ne pourraient non plus être connues qu'individuellement; leur ensemble ne formerait non plus l'objet d'aucune science autre que l'arithmétique. La connaissance de tous leurs rapports autres que les numériques se bornerait à un pur catalogue, à l'enregistrement chronologique d'observations particulières ne fournissant matière à aucune idée générale ni, par suite, à aucune définition ni à aucune opération de logique déductive ou inductive.

En résumé, il n'y a pas de science de l'indéterminé. Ce qui pose un objet de science, c'est quelque différenciation définissable dans l'être universel; c'est donc le système des rapports par lesquels des données se synthétisent en une essence distincte de toute autre.

S'il en est ainsi, la science du monde accidentel semble, à première vue, se réduire à rien, car ce monde varie continuellement; il apparaît comme un perpétuel devenir manifestant l'incessante activité de l'être. Or, le devenir, c'est précisément ce qui est sans limites précises, en voie de détermination, par conséquent encore indéterminé. Mais, en réalité, le flux des événements fournit néanmoins des objets de science, grâce au temps qui les conditionne tous et procure, par sa simplicité et son homogénéité, un terme de comparaison à leur succession; grâce encore à l'espace, d'essence complexe, mais homogène aussi, qui par son immobilité procure à tout ce qui s'y déplace des repères fixes, des trajectoires comparables et des lieux de rencontre où les forces motrices, en s'équilibrant, peuvent également se comparer. Ainsi des mesures sont possibles et, par suite, l'intelligence peut dégager du devenir des rapports communs dont la constance est compatible avec la variation accidentelle, et fait de ces rapports des essences et des lois. Je dois me borner à indiquer en passant comment le devenir n'exclut pas toute détermination, sinon chaque paragraphe de cette étude prendrait les proportions d'un chapitre.

CHAPITRE IV

Soit donc B un objet de connaissance et soit A un être conscient; encore faut-il que A puisse atteindre B, et il ne le peut que s'il communique avec lui par quelque modification qu'il en reçoive et dont il ait conscience. Je suis du moins incapable d'imaginer et même de concevoir seulement un autre début à la connaissance de B par A. Une aptitude à être impressionné et à prendre conscience de l'effet interne de l'impression, telle est, il me semble, dans un être quelconque, la condition fondamentale de la connaissance du monde extérieur. C'est dire que l'expérience est l'antécédent nécessaire de toute notion qu'on en puisse avoir.

Je sais que A (j'en ai donné précédemment les raisons) ne peut prendre connaissance de l'être qui constitue B, ou, si B n'est qu'accidentel, du substratum de B; mais, en tant que l'inconnaissable est actif et capable d'agir sur A, je conçois que ses propres modifications trouvent en A leurs signes naturels, c'est-à-dire qu'elles y déterminent certaines modifications correspondantes ayant avec elles des caractères communs. C'est ce qu'il y a d'identique dans ces modifications de B et dans celles qu'elles déterminent en A qui constitue l'objectivité de ces dernières et en fait des notions.

Pour que B soit connu autant que possible de A, en d'autres termes, pour que A connaisse l'essence de B, c'est-à-dire tous les rapports constants qui existent entre les divers éléments constitutifs de B et d'où dérivent les propriétés de B, il faut qu'à chacun de ces rapports en corresponde un identique entre des modifications déterminées en A par B. Or cette condition est-elle nécessairement remplie? Elle suppose une adaptation exacte des moyens de connaissance de A aux diverses propriétés essentielles de B; rien ne m'autorise à présumer cette adaptation. Ne se peut-il pas, en effet, que certaines de celles-ci demeurent sans communication avec A? Chez l'homme, je n'oserais affirmer que les organes de relations sont entièrement appropriés à la science du monde accidentel. Je reconnais que la diversité de ses sens et la richesse de leurs gammes respectives lui permettent de constater beaucoup de différences au dehors. Ses sensations, en effet, sont différenciées elles-mêmes entre elles à divers degrés; en premier lieu, certaines ont des caractères communs qui n'appartiennent pas à certaines autres, ce qui permet de les classer toutes par espèces distinctes en tactiles, visuelles, auditives, etc.; ce classement est, d'ailleurs, indiqué par le dispositif constant, par l'organe (peau, œil, oreille, etc.) affecté à chaque espèce de sensations et chaque espèce correspond dans l'objet à une espèce de modifications distincte, à une certaine propriété. En second lieu, les variétés que comporte une même espèce de sensations correspondent, au dehors, à des manifestations variées d'une même propriété. C'est ainsi, par exemple, que, d'une part, j'attribue pour objet aux sensations visuelles la propriété des corps de réagir diversement sur les ondes de l'éther où ils plongent, aux sensations auditives la propriété dévolue à certains corps de vibrer diversement et de communiquer leurs vibrations à l'air; et que, d'autre part, j'attribue pour objet à une variété de la couleur (ton, vivacité, etc.) une variation dans le mouvement vibratoire d'où procèdent toutes les couleurs, et à une variété du son (timbre, hauteur ou intensité) une variation dans les mouvements vibratoires d'où procèdent tous les sons. Mais n'y a-t-il pas encore au dehors d'autres agents vibratoires que ceux dont je suis impressionné et dont mes diverses espèces de sensations m'induisent à affirmer l'existence? Je remarque d'abord que mes sens ne me renseignent qu'indirectement, par interprétation logique de leurs données immédiates, sur l'existence de ces agents. Excepté l'air, dont les mouvements, à un certain degré de vitesse, sont sensibles à la peau, les autres, ceux que les physiciens appelaient naguère fluides impondérables, n'étaient, à vrai dire, qu'hypothétiques. L'intelligence réclamait des objets distincts, qu'on appela lumière, chaleur, électricité, magnétisme, pour correspondre à ces espèces diverses de perceptions sensibles, de phénomènes. Mais les physiciens, par l'expérience, furent amenés à reconnaître que ces phénomènes sont substituables et équivalents les uns aux autres et que, partant, leurs objets respectifs sont réductibles à un seul et même objet. Ils admettent que, si des espèces différentes de perceptions sensibles (lumineuses, caloriques, électriques, magnétiques) autorisent la distinction de faits extérieurs différents, attribuables à des causes différentes, ces faits, toutefois, ne sont que des variétés, des modalités d'une même espèce d'événement qu'ils supposent être un mouvement vibratoire attribuable à un seul et même agent nommé par eux l'éther. Ils ont reconnu, en outre, empiriquement que la chaleur et, par suite, les autres modalités du mouvement vibratoire de l'éther ont un équivalent dynamique, de sorte que toutes se rattachent et même s'identifient par leur commun principe à l'énergie dont le type nous est fourni par notre propre énergie musculaire, malgré la profonde distinction que notre conscience accuse entre leurs phénomènes, c'est-à-dire entre les perceptions sensibles qui en sont les signes en elle. Ces signes y demeurent tout à fait irréductibles entre eux, car nous ne sentons entre leurs caractères distinctifs aucun rapport qui permette de les identifier.

Ainsi la spécification des organes des sens chez l'homme est à la fois favorable et nuisible à la connaissance, car, si elle lui permet de différencier les objets immédiats, les causes prochaines de ses sensations, elle tend à lui dissimuler leurs affinités et à lui faire omettre l'objet générique, la cause initiale, commune racine de ces causes particulières. Il ne me semble donc pas que l'appropriation de ses organes de relations à la connaissance des événements extérieurs soit assez complète pour m'obliger à y voir une adaptation expresse et concertée de suffisants moyens à une fin préfixée qui serait la science entière du monde accidentel. Quand, d'autre part, je songe au temps si long que l'homme a mis à s'apercevoir que la vraie méthode pour assurer et faire progresser la connaissance de ce monde est l'observation et l'expérience, j'en infère que le champ de la science était naturellement restreint pour lui par les ressources et la portée médiocre de ses sens et par ses procédés instinctifs d'investigation. J'en infère que sa curiosité, dépassant ce domaine borné dès qu'elle a pu disposer de loisirs, a dû chez lui violenter l'organisme cérébral et surmener les fonctions intellectuelles apparemment accommodées à la seule conservation de l'individu et de l'espèce, c'est-à-dire proportionnées au service des besoins et des instincts qui y président. Je crois enfin reconnaître un indice de l'usage excessif, anormal, que l'homme a fait de son intelligence naturelle dans la difficulté qu'il éprouve à élargir la sphère de ses inductions. La découverte d'une loi naturelle excite en nous l'admiration et, avant d'être formulée scientifiquement, elle a fait d'ordinaire un long stage militant à l'état d'induction provisoire sous le nom d'hypothèse.

CHAPITRE V

L'EXERCICE régulier des aptitudes à la connaissance, tel que je peux l'observer chez les bêtes, ne se présente pas en elles avec ces caractères de lutte et de conquête. Il semble bien que dans le règne animal, où l'homme est roi, les sens ne se soient différenciés que pour s'adapter à une communication purement conservatrice avec le milieu. L'organisme nerveux se divise en deux départements, celui des sens étendu dans l'exacte mesure qui convient pour le discernement des objets au point de vue de leurs propriétés nutritives et de la reproduction, et celui des nerfs moteurs qui dirigent les actions soit réflexes, soit volontaires des muscles pour l'emploi de ces ressources offertes par le monde extérieur à l'entretien et à la propagation de la vie. Chez les animaux, la part d'initiative dévolue à la conscience individuelle dans l'intelligence des rapports qui synthétisent les sensations est variable selon les espèces et semble croître avec la complexité organique du sujet aux dépens de la part que se réserve dans le gouvernement des vivants la cause, quelle qu'elle soit, de la vie.

Cette part n'est-elle pas ce qu'on appelle l'instinct? Les animaux doués du plus d'instinct paraissent, au premier abord, les plus intelligents parce que cette cause de l'évolution du monde animé, procédant par des voies profondément inconnues qui relèvent sans doute de la métaphysique, pense en quelque sorte pour eux et accomplit par leurs organes, avec une précision infaillible, des actes parfois très compliqués. Mais ceux qui ont le plus d'initiative intellectuelle se reconnaissent à l'hésitation même et au caprice de leurs démarches, témoignage d'une délibération passionnelle et mentale. Cette cause abdique chez eux en faveur de la conscience propre et lui délègue en partie la direction de leur activité conservatrice. Ces rapports que j'indique, dans le domaine de la conscience, entre les animaux et le principe de leur évolution terrestre n'ont probablement qu'une analogie lointaine avec ceux qui me servent de termes de comparaison et que j'emprunte à l'observation des actes humains. Dans ceux-ci la part de l'instinct est restreinte, mais l'habitude imite l'instinct et le supplée, car elle convertit en mouvements réflexes des actions volontaires très souvent répétées. Le conscrit, par exemple, à qui l'instructeur enseigne l'école du soldat, cherche à reproduire le maniement de l'arme exécuté devant lui, sans même soupçonner qu'il s'agit de la faire passer d'une position à une autre avec la plus grande économie possible de force, de temps et de mouvement. Après s'être mille fois exercé à ce maniement, il l'exécute sans plus en avoir conscience, du moins jusqu'à la fatigue. Jusque-là, il fait machinalement, par habitude, comme l'abeille par instinct, des actes rationnellement appropriés à une fin. Un autre, un supérieur a conçu pour lui la théorie qu'il applique d'une manière inconsciente. Il ne recouvre son autonomie qu'au signal de rompre les rangs pour jouer au bouchon ou fumer sa pipe. Le bouchon et la pipe symbolisent ici les rares et courtes vacances que la faim assouvie octroie à la bête pour la rêverie et les gambades, où elle semble se soustraire à la domination des appétits et des instincts et reprendre sa part propre d'indépendance et d'initiative.

Je suis donc, en somme, porté à croire que, chez les vivants, tout n'est pas individuel dans la fonction cérébrale qui régit les actes de l'individu, pas plus que ne sont individuels en lui les caractères morphologiques de son cerveau, caractères communs à tous les cerveaux de l'espèce, issus de la même branche ancestrale. De même que la forme de son corps, soustraite dans ses grands traits aux facteurs variables de la génération et de l'habitat, reçoit intégralement du type de l'espèce certaines proportions fondamentales, de même son activité, soustraite en partie à l'influence des motifs privés et fortuits sur ses choix, reçoit fatalement du type spécifique et héréditaire certaines directions impersonnelles. L'instinct s'imposerait donc à l'activité individuelle, comme le moule spécifique s'impose à la forme individuelle. Quand je vois une hirondelle émigrer, la cause qui détermine l'orientation constante de son essor me semble la même au fond que celle qui détermine l'orientation constante de la molécule alimentaire réparant l'aile sans en changer la forme. Je n'ai pas lieu de m'étonner du premier phénomène plus que du second; ils ne diffèrent que par la longueur respective des trajectoires. Si la science humaine était mûre pour expliquer la migration des oiseaux, elle le serait pour expliquer leur morphologie. Cette recherche me paraît donc prématurée, si l'on en attend des résultats exacts et précis.

Le botaniste qui observe la tendance de la plante à se développer du côté d'où elle reçoit la lumière a pour devoir d'en chercher d'abord l'explication dans un déterminisme purement mécanique. La méthode scientifique l'oblige, en effet, à réduire autant que possible le nombre des conditions qui déterminent ce phénomène. Mais tant qu'il n'y aura pas réussi, je ne me sentirai pas autorisé à distinguer de l'instinct tel que je le définis cette tendance remarquable, ni par conséquent à la considérer comme essentiellement différente de la tendance plastique des matériaux puisés par les racines dans le sol à s'orienter de manière à réaliser la forme spécifique dans l'individu. Si cette dernière tendance n'a pas pris non plus le nom d'instinct, c'est sans doute parce qu'un vouloir individuel, même à l'état inconscient, paraît y faire entièrement défaut. L'instinct, en effet, dans l'opinion commune, se distingue des impulsions purement mécaniques, en ce qu'il paraît être dans les animaux un gérant de leur vouloir. Il semble déterminer infailliblement la volition dans un sens préfixé, car l'animal contrarié dans l'exercice d'un de ses instincts se débat comme s'il se sentait, en effet, contrarié dans un acte volontaire. Mais l'activité instinctive se conçoit indépendante du vouloir individuel; il se peut qu'elle en use, mais comme d'un auxiliaire dont elle profite sans en avoir besoin, comme d'un serviteur dont elle pourrait se passer.

CHAPITRE VI

Je crois, du moins, la voir s'en affranchir de plus en plus à mesure que s'abaissent les degrés de l'échelle des espèces, depuis l'homme jusqu'au minéral. A la limite du végétal et du minéral, dans les cristaux, par exemple, se révèle un rudiment d'organisation dont les lois présentement connues de la physique et de la chimie ne suffisent pas à rendre compte; la cause de cette architecture se rapproche, en apparence du moins, de la virtualité plastique dont j'ai parlé plus haut et qui me semble à son tour confiner et s'identifier même à l'activité instinctive. Les gradations sont indiscernables dans l'évolution universelle; on ne sait plus à quel moment il convient de changer les noms des choses qui se transforment insensiblement. L'individualité de l'ultime partie cristalline d'un corps cristallisé est incontestable; celle de ce corps même, considéré dans son entier, est attestée par la régularité de sa configuration totale. Mais l'unité d'un quartier de roche amorphe n'est plus organique; elle est seulement collective, car la cohésion qui en relie les molécules les unes aux autres ne détermine ni le volume, ni la figure du groupe; et si la roche n'est pas homogène, le lien des parties distinctes ne détermine pas davantage le volume, ni la figure de leur ensemble. Il faut pour retrouver l'unité essentielle, celle qui n'est pas seulement collective, mais possède un centre réel et propre d'activité, diviser la roche jusqu'à ses molécules par les procédés de la chimie. Les molécules sont des unités essentielles, des individus, et les atomes qui les composent sont les ultimes individus, car ce sont, par définition, des indivisibles. Ce sont eux et les molécules qui fournissent aux espèces végétales et animales, de plus en plus vivantes, les matériaux élémentaires pour la construction des corps organisés, unités essentielles à leur tour où la conscience individuelle collabore avec la conscience instinctive et la supplante de plus en plus.

Il résulte des considérations précédentes que, dans l'univers, ou du moins dans le département de l'univers qui tombe sous l'aperception humaine, l'être se manifeste dans une multitude d'essences individuelles de complexité croissante. Les individus y entretiennent, renouvellent et propagent leurs formes aux dépens les uns des autres par un échange de leurs matériaux dont les plus simples sont des unités indivisibles, des atomes.

L'activité de l'être éternel est-elle tout entière répartie entre les innombrables atomes, de sorte qu'il faudrait reconnaître en eux tout l'être et l'origine de tous les accidents et de tous les phénomènes du monde physique et du monde psychique, ou bien les atomes ne représentent-ils pas toutes les différenciations possibles de l'être éternel et de son activité ? En d'autres termes, dans l'univers y a-t-il de l'être matériel (comme l'entend Descartes) doué d'une activité dont ma propre énergie musculaire me révélerait l'existence, et de l'être spirituel dont ma sensibilité et ma pensée propres m'offriraient un spécimen ?

J'ai déjà rappelé que, dans l'hypothèse du monisme, toute l'activité de l'être éternel serait accaparée par les atomes. Il s'ensuivrait que l'unité du moi serait seulement celle d'une résultante dont les composantes seraient les cellules cérébrales, lesquelles à leur tour tiendraient de leurs molécules, et, en dernière analyse, des atomes constituant celles-ci, toute leur activité vitale, tant consciente qu'inconsciente. Cette hypothèse m'a séduit par sa simplicité très conforme à la méthode scientifique; mais celle-ci exige que l'hypothèse la plus simple explique tout son objet; or le monisme n'a pas encore expliqué le fait de la conscience individuelle. C'est pourquoi, sans le rejeter, j'en attends la complète vérification. Le problème est trop grave pour que je me livre à l'hypothèse, même la plus vraisemblable, sans toutes les garanties possibles, car il s'agit véritablement pour ma personne d'*être* ou de ne pas *être*, il s'agit de jouer l'existence, la réalité même de mon âme, plus encore que son immortalité.

CHAPITRE VII

Il y a une métaphysique absolue de l'univers, à savoir ce que j'y ai précédemment signalé d'inconnaissable pour n'importe quel être conscient. Mais il existe une multitude de métaphysiques relatives et particulières, d'un champ variable toujours plus étendu que celui de la métaphysique absolue. Je vais établir cette distinction qui explique la genèse et l'évolution des cultes.

Au début du chapitre précédent j'ai appelé A un être conscient quelconque et B un objet quelconque proposé à son intelligence. A ne peut pas tout connaître de B, soit parce qu'il ne pourrait prendre conscience de l'être même de B sans perdre son individualité personnelle, soit parce qu'il n'est pas pourvu des moyens de communication suffisants avec tous les éléments constitutifs de B. Ce qui demeure essentiellement inaccessible, partant inconnaissable à A dans B, à quelque titre que ce puisse être, constitue pour A la métaphysique de B. Chaque espèce d'êtres conscients rencontre donc une métaphysique relative, qui lui est particulière, dans chaque espèce d'objets qui s'offre à sa connaissance. Si B désigne pour A tout l'univers, y compris A lui-même, il y aura autant de métaphysiques relatives et particulières de l'univers que d'êtres conscients A, A_1, A_2, etc., différemment organisés pour une connaissance plus ou moins étendue d'eux-mêmes et du monde extérieur.

A en juger par ce que je vois sur la terre, il s'en faut de beaucoup que chez le sujet quelconque A les moyens de connaître soient adaptés à l'objet B, c'est-à-dire, d'une part, au monde extérieur, et d'autre part, à A lui-même, d'une manière assez parfaite pour lui procurer d'un seul coup, sans tâtonnements, toute la science dont il est capable et lui permettre d'établir du même coup une démarcation précise entre le champ de la métaphysique et celui du connaissable. Dans la série animale, par exemple, la part croissante que l'instinct laisse du connaissable à la conscience personnelle n'est pas intégralement livrée tout de suite à celle-ci. L'individu conscient doit la conquérir peu à peu; il n'en prend possession que progressivement par des aptitudes multiples dont ni l'éclosion, ni l'exercice ne sont instantanés. Dès lors, il existe toujours entre le connaissable pour telle espèce et ce qui en est présentement connu par l'individu le plus intelligent de cette espèce une différence, une marge, susceptible de décroître encore, qu'il est incapable de mesurer. S'il savait où placer la limite exacte du connaissable pour son espèce, il déterminerait par cela même à la fois ce qui reste encore de permis et ce qu'il est à tout jamais interdit à celle-ci de connaître, le domaine de la science et celui de la métaphysique pour elle. Dans l'impuissance invincible où il est d'en préfixer exactement la limite, il est naturellement porté à confondre avec l'objet métaphysique la part encore inexplorée du connaissable. C'est cette confusion qui a suscité dans l'espèce humaine l'emploi du mot *superstition* opposé au mot *religion*. L'homme, en effet, appelle *religion* toute institution d'un hommage à la cause première et suprême que son intelligence requiert pour expliquer et justifier l'univers; il appelle *divinité* ce principe souverain de toutes choses qu'il a d'abord vaguement discerné, puis, d'âge en âge, déterminé avec plus de réflexion. Or chaque religion s'octroie le privilège de discerner avec précision le véritable objet métaphysique, d'honorer la vraie divinité, de la révéler à tous les hommes et de régler le seul culte qu'elle réclame, et elle appelle *superstitions* les autres religions, surtout celles dont les dogmes et les rites diffèrent assez des siens pour choquer, aux yeux de ses adeptes, le sens commun ou le bon sens, c'est-à-dire la somme des prédispositions et des habitudes mentales qu'ils ont reçues de l'hérédité et d'une éducation traditionnelle.

Cette cause première et suprême, ce principe souverain ne doit être cherché que dans la métaphysique absolue dont l'objet est ce qui échappe à toute conscience. Mais, en fait, historiquement, l'homme n'est arrivé que fort tard à placer et à chercher la divinité où elle est. Les questions qu'il a d'abord posées à l'univers pour l'expliquer et le justifier n'avaient pour prédicats que les catégories impliquées dans sa propre essence. Or ces mêmes catégories conviennent à son milieu terrestre; il y rencontrait des objets plus ou moins durables, étendus, mobiles comme son propre corps et d'une activité résistante ou agressive, en cela comparable à celle dont son vouloir dispose. Aussi une induction spontanée devait-elle le porter à leur prêter, quand ils lui résistaient ou menaçaient sa sûreté, une initiative volontaire, analogue à la sienne, par suite une délibération consciente la déterminant comme la sienne, par suite encore des motifs d'agir analogues aux siens ; enfin il en arrivait à assimiler leur essence à la sienne entièrement et, fait capital, il éprouvait au plus haut degré le sentiment que sa conservation dépendait des puissances extérieures. Il a d'abord considéré l'univers sous le même jour que le fait l'enfant ; il ne lui a posé que des questions affectées d'anthropomorphisme. Sa curiosité ne rencontrait encore nullement l'inconnaissable, elle ne s'adressait qu'au connaissable ; mais elle se bornait à l'interroger indûment et de travers, faute d'avoir utilisé les vues d'Aristote, d'avoir observé et analysé les caractères génériques et spécifiques des choses ambiantes, ce qu'elle ne devait faire qu'après Bacon, beaucoup plus tard. Elle se contentait de réponses qui assimilaient les événements du monde extérieur à des actes humains, et les forces qui les causent à des activités volontaires. Ainsi les vents, la mer, les fleuves devenaient des personnes douées de qualités humaines. Elle était encore bien loin d'aborder le champ de la métaphysique absolue. Aussi ne demandait-elle qu'au champ de l'expérience terrestre et même aux plus proches, aux plus accessibles objets l'explication et la justification de l'univers, qui, pour elle, était tout entier, d'ailleurs, contenu dans ce champ restreint. La terre en était alors, aux yeux de l'homme, le centre, et la voûte azurée la limite solide, infranchissable. C'est dans cette étroite enceinte que la raison humaine cherchait instinctivement de quoi se satisfaire; et elle était, à vrai dire, peu exigeante, plus occupée à résoudre les plus instantes difficultés de la vie physique que les problèmes transcendants n'intéressant que la vie psychique. Au début de celle-ci et tant que l'homme manqua de sécurité dans son milieu au point d'appréhender sans cesse la dépendance où il se sentait des objets extérieurs, ce qu'il en ignorait n'était pas simplement pour lui de l'inconnu, c'était, en outre, du mystérieux, je veux dire de l'inconnu, scellé, redoutable ou secourable, arbitre voilé de sa destinée. Or le mystérieux, c'est pour l'âme le *divin*, dès qu'elle y place le principe qui explique et justifie toutes choses, et qu'elle lui attribue une volonté assez puissante pour modifier en totalité ou en partie les conditions et les lois du monde accidentel, un cœur assez indulgent pour l'écouter quand elle le conjure de les changer en sa faveur, assez clément enfin pour exaucer sa prière. Pour l'âme inculte, à vrai dire, le principe divin n'est pas nécessairement juste et bon; elle le conçoit, au besoin, cruel et vindicatif pour expliquer les fléaux immérités; j'aurai plus loin à rappeler les vicissitudes qu'a subies le concept du divin. Grâce à la crédule ignorance des premières sociétés, l'ascendant conquis par un seul individu sur une tribu pouvait suffire à investir du caractère divin n'importe quel objet, même le plus vulgaire, pourvu que cet objet fût soustrait à toute tentative d'expérimentation et de contrôle.

Mais le premier coup de hache porté impunément par une main téméraire sur un bois sacré devait ébranler la pieuse légende qui prêtait à ce bois quelque hôte mystérieux. Le jour, en y pénétrant, dissipa l'horreur des ténèbres qui en faisaient un sanctuaire. La divinité qui le hantait dut émigrer plus loin, dans un autre asile, lequel, à son tour, perdit son caractère sacré aussitôt qu'on osa le violer. Un fil ne devait-il pas suffire pour conduire et noyer dans un puits la foudre et en même temps le dieu qu'en avait armé l'imagination populaire? Ainsi, à mesure que l'esprit humain, cherchant à tâtons des issues à son cachot d'ignorance, en explorait les sombres murs, il les sentait céder à ses poussées et se rassurait de plus en plus. Le mystère circonvenu et palpé devenait d'abord simplement de l'inconnu, puis reculait de proche en proche devant les investigations hardies de l'expérience interprétée par la raison. Délogé des profondeurs de l'ombre presque universelle, mais décroissante, où il régnait dans les premiers âges, il se retira ainsi peu à peu jusqu'à son dernier refuge, désormais fixe et inviolable, jusque dans la région métaphysique dont la frontière pose le *nec plus ultrà* à la science humaine. Cette retraite continue que le mystère effectue de son domaine provisoire vers son domaine légitime et définitif, opérée avec une lenteur variable chez les divers peuples, constitue l'évolution religieuse de l'humanité; son point de départ est le fétichisme, et elle se poursuit dans les différentes formes du polythéisme pour aboutir à celles du monothéisme.

Il serait très intéressant d'examiner ce qu'est devenue, durant l'évolution de la pensée religieuse, la part que, au début, celle-ci faisait si manifeste et si large à l'anthropomorphisme dans le concept de la divinité. Ce serait faire l'histoire même de ce concept, l'idéologie de toutes les religions. Je manque de l'érudition nécessaire pour une telle entreprise, qui, d'ailleurs, dépasserait mon but ; je me bornerai à quelques observations générales qui feront l'objet du chapitre suivant.

CHAPITRE VIII

Si j'en juge par les croyances des tribus sauvages où subsiste un spécimen du mysticisme à l'état le plus primitif et le plus grossier, le premier stade de cette évolution est le fétichisme qui est lui-même le rudiment de l'idolâtrie. J'entends par l'idolâtrie l'attribution de quelque puissance divine à n'importe quoi du monde accidentel. La divinité ayant précisément pour fonction d'expliquer et de justifier ce monde aux yeux de l'homme, l'idolâtrie inconsciemment fait donc une pétition de principe, un cercle vicieux dont l'absurdité éclate surtout dans le fétichisme. Un fétiche est un objet matériel quelconque, un morceau de bois, un caillou, dont la forme, n'exprimant rien d'intellectuel ni de passionnel, est aussi loin que possible de représenter par soi-même une pensée et une volonté créatrice et ordonnatrice du monde ambiant. A cet égard le fétiche est aussi exempt que possible d'anthropomorphisme. Mais ce qu'il n'exprime en rien, l'imagination mystique du sauvage le lui prête; elle attache à cette matière amorphe et inerte une vertu empruntée à quelque aptitude humaine, mais plus puissante et présumée capable d'agir sur les événements qui intéressent la vie, le bien-être, le bonheur de l'homme sauvage. On pourrait donc définir le fétiche une idole dénuée d'expression psychique, mais dotée par le croyant de certaines aptitudes qui ne sont au fond que les siennes dont son imagination exagère l'efficacité et la portée pour suppléer à son impuissance personnelle. Or ce manque total de physionomie morale, c'est l'absence de tout élément esthétique. Le complet défaut d'art caractérise donc le fétiche; mais il n'en est pas moins une création anthropomorphique de l'esprit mystique, car cet esprit y attache quelque chose d'humain, d'incorporel, il est vrai; mais tout n'est pas corporel dans l'homme. C'est même, en dépit des apparences, l'idole la plus naïvement et grossièrement anthropomorphique, parce qu'elle emprunte son rudiment d'essence divine à l'âme humaine encore brute, dépourvue de culture.

Quand l'âme eut pris davantage conscience d'elle-même, de sa propre richesse d'organisation, quand ses besoins peu à peu aiguisés, affinés, furent devenus plus exigeants à mesure que la faim et la soif plus aisément satisfaites lui accordaient plus de loisirs, le service que la forme rend à la pensée par ses qualités expressives, par sa fonction esthétique, commença de se faire sentir, et à l'anthropomorphisme uniquement psychique mais obtus de l'idolâtrie primitive vint s'en ajouter un autre : l'anthropomorphisme corporel qui traduisait le premier aux sens et transformait le fétiche, signe jusque-là purement conventionnel de quelque puissance mystérieuse, imaginée d'après le type humain, en un signe naturel de cette puissance; le fétiche dès lors devient proprement un dieu. Le dieu, pourvu d'une essence psychique et d'un corps organisé pour la traduire au dehors et la mettre en relation avec le milieu terrestre et l'homme, put dès lors avoir une histoire, des aventures analogues à celles de la vie animale ou humaine. Il y eut des légendes divines, des mythologies.

Au point de vue le plus général, il n'y a pas d'idole sans quelque attribut psychique emprunté à l'essence vivante (humaine ou animale), et tous les liens qui peuvent associer le monde matériel à la nature psychique pour faire du premier un signe de la seconde ont été imaginés et créés par les idolâtres, depuis la forme symbolique ou simplement emblématique jusqu'à la forme objectivement expressive.

Pourquoi l'homme est-il enclin à revêtir de matière la divinité, à la doter d'une figure, en un mot à en faire des idoles? C'est d'abord que la disjonction de la matière et de l'esprit par la pensée n'est pas spontanée, mais suppose une analyse, par suite un certain degré de réflexion auquel l'homme n'a dû parvenir que postérieurement à ses premières émotions religieuses. C'est en outre que, faute de signe physique, de représentation sensible, l'idée religieuse, dans ses commencements surtout, eût manqué de consistance et de persistance pour s'établir et se réaliser en culte défini. Il est facile de constater l'efficace influence des images et des rites sur le sentiment religieux pour l'entretenir et l'exciter. Mais à mesure que l'esprit critique se développe, l'appareil extérieur de la religion se simplifie, la divinité tend à être moins sentie et davantage conçue, et, quand enfin elle n'est plus que l'objet d'un concept rationnel, la religion s'évanouit pour faire place au théisme.

Comme il prête des attributs de sa personne morale, sous le nom de divinité, à l'Inconnu, quel qu'il soit, dont il se sent dépendre, l'homme se fait de la divinité une idée d'autant moins haute qu'il est plus voisin de l'état sauvage où ses facultés ne se sont pas encore dégagées et développées. C'est son degré de culture, à telle date en tel pays, qui mesure l'élévation du type moral de la divinité en ce pays à cette date.

Ce type, dans l'idolâtrie la plus basse, diffère aussi peu de l'essence psychique des bêtes que celle de l'homme en diffère à ce degré inférieur de son évolution, et, parallèlement, le type physique de la divinité se rapproche des formes bestiales dans la même proportion et même y confine jusqu'à l'identité quand les qualités morales prêtées par l'homme à l'idole sont encore assez grossières pour trouver dans ces formes leur expression suffisante ou même plus fidèle.

La figure, la physionomie de la divinité varie, en outre, avec les aptitudes esthétiques des races et le progrès des arts chez celles qui sont artistes.

Rien de plus naturel; l'idolâtrie n'est pas, en réalité, le culte de la matière sous une forme quelconque, c'est le culte d'une puissance invisible sous une forme dépositaire de la pensée religieuse, d'une certaine idée de la divinité. Cette idée n'est par elle-même qu'une image intérieure aussi éphémère que l'individu qui la forme, l'idole en est une image extérieure qui survit à la première pour la transmettre aux générations passagères et en perpétuer le culte. Or, il est évident que le dépôt sacré sera plus intégralement gardé s'il est témoigné par la forme même à laquelle il aura été confié, c'est-à-dire s'il est exprimé fidèlement par elle. Cette expression du dedans par les dehors est précisément l'affaire de l'art; il n'a pas de fonction plus essentielle. Aussi voyons-nous chez les peuples artistes, dans la Grèce antique, par exemple, les statuaires consacrer l'idéal religieux dans les matières les plus durables sous les traits les plus saisissants de la physionomie humaine, les architectes dresser les autels et bâtir les temples, et les peintres ajouter le prestige des couleurs à l'apothéose inconsciente de l'humanité par elle-même dans ses idoles.

L'essence morale de la divinité n'a pas évolué partout également sur la terre, il s'en faut de beaucoup, non plus que sa représentation sensible, et l'une et l'autre sont loin de s'être perfectionnées parallèlement, car les peuples les plus religieux ne sont pas pour cela les plus artistes, et la prédisposition au mysticisme est elle-même inégalement départie aux individus d'un même peuple. Aujourd'hui que les religions les plus élevées ont envahi l'ancien et le nouveau monde, il existe néanmoins encore des tribus sauvages qui adorent des fétiches, et l'on trouve même chez les nations les plus civilisées, autour des tables de jeu, nombre de gens cultivés qui attribuent à des objets quelconques (nommés précisément par eux *fétiches*) ou à des actes en apparence indifférents, une influence décisive sur la distribution des cartes ou sur la marche de la bille. Le peuple juif, que ses annales rapprochent de la création du monde, était demeuré capable de la plus grossière idolâtrie, d'un culte pour des idoles bestiales, pour des dieux matériels empruntés aux peuplades voisines, même après que son évolution religieuse avait atteint au monothéisme supérieur où la face divine, invisible au commun des fidèles, n'empruntait plus sa substance à la matière terrestre.

La religion de l'antique Égypte semble offrir

simultanément et au complet les diverses associations des deux anthropomorphismes, du psychique et du corporel, celui-ci compliqué de zoomorphisme, depuis l'association représentée par le fétichisme, jusqu'à celle où la part de figuration matérielle est réduite au minimum, sinon annulée. En un mot, on peut dans l'ancienne religion de l'Égypte suivre tous les stades de l'idolâtrie, depuis sa forme la plus grossière jusqu'à l'anthropomorphisme purement psychique, par la réduction progressive du symbole matériel. Cette diversité des cultes vient sans doute de ce que le peuple égyptien n'était pas homogène, mais composé de races originairement diverses dont le régime des castes avait d'ailleurs empêché le mélange et échelonné invariablement la culture intellectuelle. Les castes ignorantes divinisaient tout, jusqu'aux choses inanimées. Elles vénéraient comme de véritables dieux certains animaux, le bœuf, la vache, le chien, le chat, l'ibis, l'épervier, le serpent, le crocodile. Elles leur prêtaient quelque chose d'humain, des intentions bienveillantes ou hostiles, conformes à leur commerce utile ou nuisible, propice ou redoutable avec l'homme. L'anthropomorphisme n'était encore là que psychique et mal déterminé. Mais il devenait physique dans les idoles qui ne conservaient plus de l'animal que la tête, le reste du corps se faisant humain, dans l'Ammon de Napata, par exemple, à tête de bélier, dans l'Anubis cynocéphale, dans l'Osiris à tête d'ibis ou d'épervier, dans une Isis à tête de vache. On trouve au rebours dans le sphinx une lionne à poitrine et à tête de femme. L'anthropomorphisme physique ainsi ébauché s'accomplissait dans d'autres figures, comme celle de l'Isis des hiéroglyphes ou celles de l'Osiris et de l'Ammon qu'on voit au musée du Louvre. Les castes supérieures, les prêtres, tout en patronnant cette naïve idolâtrie, bonne pour le vulgaire, ne la partageaient que sous la réserve d'une interprétation qui en éliminait de plus en plus l'anthropomorphisme physique et commençait par modifier le symbole matériel de la divinité. Ce symbole cessa d'être emprunté au corps humain pour l'être aux corps célestes, aux astres. La trinité d'Abydos par exemple (Osiris, Isis, Horus) avait une légende aisément assimilable à un mythe sidéral. Osiris y devenait le Soleil, Isis la lune et Horus le jour renaissant. Le culte des astres, le sabéisme des Assyriens, des Babyloniens et de leurs prêtres chaldéens me semble différer essentiellement de celui des Égyptiens, car le premier n'était au fond qu'un fétichisme astronomique ; ces idoles lointaines étaient sans histoire et n'avaient rien de la figure humaine, tandis que pour les prêtres égyptiens elles étaient susceptibles d'en prendre les traits sur la terre et elles y avaient une légende. Il leur en fallait une, en effet, qui permît de les rattacher à l'idolâtrie populaire ; il fallait qu'elles eussent traversé la terre pour pouvoir s'incarner dans des animaux. C'est à ce prix seulement que la religion pouvait conserver quelque unité, tout en donnant à la fois satisfaction au mysticisme irréfléchi des castes inférieures et au mysticisme spéculatif des castes supérieures. Ce dernier institua une trinité divine dont les personnes portaient des noms différents dans les différents centres religieux de l'Égypte : à Thèbes, à Memphis, à Abydos. La relation de ces trois personnes divines entre elles devint un rapport d'identité dans le plus haut concept que les prêtres se formèrent de la divinité. Il paraîtrait en effet qu'au delà et au-dessus de toutes les représentations corporelles qui la rendaient accessible au peuple, elle existait à l'état d'être unique incréé et créateur de tout pour les initiés, pour une élite de croyants. N'avait-elle pas pris un caractère d'unité transcendante, d'unité panthéistique même, quand fut gravée sur la statue d'Isis, dans le temple de Saïs, l'inscription suivante : « Je suis tout ce qui a été, tout ce qui sera, et aucun mortel n'a encore levé mon voile » ? En se soustrayant à la vue, n'avait-elle pas dépouillé tout anthropomorphisme physique?

En résumé, la divinité chez les Égyptiens, après avoir affecté dans de simples fétiches un anthropomorphisme purement psychique, en contracte un mixte, à la fois psychique et physique, où, dans nombre d'idoles, la forme humaine s'accuse progressivement, domine et subsiste seule enfin; puis la divinité fait retour à son anthropomorphisme initial purement psychique, mais dégagée cette fois de tout substratum matériel, et atteint dans la pensée de ses plus hauts ministres et de ses plus savants interprètes sa formule supérieure, conceptuelle, le monothéisme.

Les phases de cette évolution sont toutes représentées simultanément pendant chacune d'elles, même pendant la dernière, par les diverses idoles persistantes; ce qui, en effet, la détermine, c'est l'inégalité de la culture morale chez les différentes castes, et cette inégalité y demeure invariable.

La religion de l'ancienne Égypte me semble donc pouvoir servir de type au processus du mysticisme dans l'âme humaine à tous les degrés jusqu'au seuil de la métaphysique abstraite. Ce terme fut le lieu de rencontre où le génie des races qui avaient créé l'idolâtrie égyptienne prit contact et se fondit, à Alexandrie, avec le génie grec à la fois philosophique et imprégné de traditions aryennes. Le Musée et la Bibliothèque alimentèrent alors le creuset où, jetées pêle-mêle avec une ferveur tout éclectique, les mythologies d'autre origine se combinèrent et, au souffle du nouvel esprit platonicien, se sublimèrent pour en sortir à l'état de théodicée subtile et fort complexe, mais rationnelle et propre à s'adapter aux religions supérieures.

L'évolution complète du mysticisme aboutit donc au concept théologique d'un principe anthropomorphique mais unique de toutes choses. Ce concept, toutefois, pour se former chez un peuple n'attend pas l'abolition du polythéisme, parce qu'il n'exclut pas tout de suite, même pour l'élite intellectuelle, le concept d'une pluralité de puissances particulières mystérieuses, divines aussi à ce titre, adjointes à la divinité suprême et préposées au gouvernement des diverses provinces du monde accidentel. Dans l'imagination mystique, ces dieux secondaires sont des gouverneurs indépendants, mais inférieurs, ou des ministres inamovibles et responsables, à figure corporelle, de cette divinité, qui, par le caractère psychique plus que physique de son anthropomorphisme, représente vaguement la souveraine cause inconnue de ce monde. Il faut remarquer que l'essence immatérielle, invisible, de la divinité dans les religions antiques est assez distinguée de sa représentation matérielle, qui en fait une idole, pour comporter des transpositions, pour pouvoir émigrer d'une image à une autre dans des temples multiples et fournir plusieurs exemplaires visibles. Cette émigration n'existe pas pour les fétiches; elle témoigne d'une conception religieuse plus abstraite, qui a pu devenir métaphysique. C'est ainsi qu'à Babylone il existait un dieu suprême, Ilou, dont les Assyriens firent leur dieu national sous le nom d'Assour. De même, les Phéniciens empruntèrent leur dieu suprême, Baal, au dieu Bel, des Babyloniens, dieu de la puissance organisatrice. Chez les Grecs, la fonction de Zeus grandit à mesure que se développait la connaissance dans l'élite de la nation et devint le dieu suprême, nommé Dieu tout court, dont l'intelligence, ordonnatrice du monde, s'identifiait à la loi même de la nature, à Moïra, la Destinée.

Ce furent les Grecs qui introduisirent l'anthropomorphisme physique dans la religion des Romains. Ceux-ci, faute d'imagination et d'art, n'avaient pas su ramener à la forme humaine ni même à aucune forme précise les rudiments primitifs de la divinité qu'ils avaient reçus, comme eux, des Aryas. Leurs cultes étaient sans mythes. Jupiter, simple divinité météorologique au début, ne différait pas d'un fétiche, car il était représenté par une pierre. Il ne devint Jupiter Optimus Maximus qu'à partir des Tarquins, en même temps qu'il devenait Jupiter Latialis. Il contractait alors un caractère politique plus encore que religieux. Plus tard seulement, il put être assimilé à Zeus. Les Romains eurent donc aussi leur dieu souverain.

Dans le mazdéisme, religion de l'Iran, dont le livre sacré est attribué à Zoroastre, il n'existe qu'un dieu, Ahura-Mazda ou Ormuzd, qui a créé le monde de rien. Principe du bien, il lutte, à vrai dire, contre Ahriman, le principe du mal, contemporain de la création; mais il en demeurera vainqueur et il lui est antérieur.

La distinction du bien et du mal, qui suppose la sensibilité, est relative aux organismes vivants, et l'homme n'aperçoit que ceux de son milieu terrestre. Elle met le croyant en demeure de l'expliquer et de la justifier par un concept approprié de la divinité; aussi se traduit-elle, dans toutes les religions, par quelque symbole zoomorphique ou anthropomorphique. La puissance divine, en tant qu'elle représente le principe de l'ordre universel, rencontre inévitablement un principe contradicteur, son ennemi et son inférieur à la fois. Cette donnée mystique contient en germe celle d'un médiateur entre les deux principes. On le voit sortir postérieurement du mazdéisme remanié et transformé par les Perses, par les Mèdes surtout, sous l'influence du magisme scythique. Les mages firent de Mithra, génie solaire, serviteur d'Ormuzd, le médiateur entre celui-ci et Ahriman; mais Ormuzd, par son origine, n'en demeure pas moins le dieu suprême.

De toutes les forces de la nature, c'est le feu, dans ses diverses manifestations, qui a surtout frappé l'imagination des Aryas de l'Iran et de l'Inde. L'idée de la divinité s'y est attachée tout d'abord; il devint sacré et fut l'objet du premier culte, le fondement fétichiste du mysticisme anthropomorphique ultérieur. Les Aryas de l'Inde adoraient Agni, le feu terrestre, Jarya, le feu céleste, et Indra, l'atmosphère, et une foule d'autres dieux qui dérivaient de ceux-là ; mais, d'après les *Védas,* ces trois dieux, en réalité, n'en représentaient qu'un : le soleil, âme de tous les êtres, « de ce qui se meut et de ce qui ne se meut pas ». Voilà donc le principe du monde ramené encore à l'unité.

Il y est ramené de même dans le brahmanisme, religion des Aryas établis dans la vallée du Gange. D'après le *Livre de la loi de Manou,* du chaos initial sortit Brahma, qui ne fut que la première créature, créatrice de toutes les autres. Vichnou les conservait, en lutte avec Siva qui s'ingéniait à les rendre au néant ; les trois dieux formaient la Trimourti, la trinité indienne. Mais ce n'est pas spontanément, c'est par une volonté transcendante que le chaos commença à se débrouiller ; c'est par la volonté d'un être antérieur et supérieur à Brahma, à la Trimourti.

Le mysticisme des peuples du Nord est sans doute originaire d'Asie ; le mythe héroïque d'Odin semble une légende greffée sur quelque épopée historique. Je n'ai à m'occuper ici que du dieu, et je trouve en lui, mêlés à des attributs guerriers, tous les caractères de la divinité suprême commune aux religions orientales. Il était le « Père de tout », des dieux et du monde.

Je mentionnerai encore la religion des Celtes, le druidisme. On y compte plusieurs dieux, Hésus, Teutatès, etc. Le polythéisme y était toutefois dominé par un culte dont l'objet répondait à ce que nous appelons vaguement la Nature, divinité mal définie. L'esprit pour l'instituer semble avoir synthétisé les forces physiques plutôt que d'en avoir dégagé le commun principe.

Je ne considère que les religions les plus répandues. Des portions considérables de l'humanité, d'une grande importance ethnique, en ont professé qui ont avorté et n'ont pas abouti à la conception d'une divinité unique; d'autres n'en ont institué aucune. Je les citerai à cause de leur célébrité.

Le bouddhisme, par exemple, malgré sa prodigieuse extension, intéresse moins que les autres religions la genèse de l'idée divine; il a bien sa trinité, à l'imitation du brahmanisme dont il est seulement une réforme; mais cette réforme consiste avant tout en une discipline imposée à la vie humaine pour en neutraliser les ferments actifs, causes de la douleur, et la conduire, par la suppression de la personnalité, à une sorte d'anéantissement extatique.

Le bouddhisme, importé de l'Inde en Chine

au milieu du Ier siècle de notre ère, y rencontra une spéculation extrêmement avancée sur l'objet métaphysique. Cette spéculation n'offre aucun caractère, à proprement parler, religieux. Il s'agit pour les penseurs chinois, depuis les plus anciens jusqu'aux plus récents, d'expliquer l'univers, sans retour d'adoration vers sa cause première; aussi le mot dieu n'a-t-il pas d'équivalent dans le vocabulaire des doctrines fondamentales de la philosophie chinoise, car il n'y a pas idée divine où il n'y a nulle piété. Mais dès l'origine l'unité y symbolise le parfait. La perfection a son siège dans les régions sublimes, dans le ciel, ou plutôt le ciel même est la puissance suprême, intelligente et providentielle. Le grand métaphysicien Lao-tseu, dès le VIe siècle avant l'ère chrétienne, institua une doctrine panthéistique où sous le nom de *grand Être*, de *grande Unité*, est désignée la substance même de l'univers, de sorte que la pensée, en Chine, atteignit presque d'emblée, sans évolution, au concept le plus hardi de l'unité métaphysique universelle. Je ne cite pas Confucius; il s'était interdit de tenter la définition de la cause première et se renfermait dans son rôle de moraliste.

Dans l'Amérique, au temps où elle fut découverte, la religion ne semblait s'être élevée nulle part jusqu'au monothéisme, bien que le culte des idoles ne fût pas général. Il n'y en avait pas chez les Indiens de l'Amérique du Nord. On n'en cite qu'une en Virginie. Les tribus sauvages en étaient restées au fétichisme et à la vénération ou à l'adoration des animaux. Cette zoolâtrie était d'ailleurs très répandue et persistait même chez les races en voie de civilisation, au Mexique et au Pérou, par exemple, concurremment avec le culte du soleil. Les indigènes ne s'étaient pas posé le problème de la création du monde. Ils n'avaient aucune idée d'un dieu bienfaisant; ils ne se souciaient que des puissances qui pouvaient leur nuire et qu'il leur importait de conjurer.

Tandis que la spéculation des Chinois a tout de suite dépassé le point de vue mystique, le mysticisme des peuplades américaines, au contraire, n'a pas atteint son dernier stade.

La religion des indigènes du centre et du midi de l'Afrique, d'après ce qu'on en connaît, est encore plus loin de son degré supérieur. Elle se borne au fétichisme et au culte des animaux et de l'homme; le sabéisme n'y existe pas.

En Polynésie, le mysticisme ne s'élève guère davantage. On n'y trouve que de la sorcellerie, le culte de l'homme aussi, mais les animaux y sont plutôt des représentants des dieux que des dieux mêmes.

Dans la Bible des Israélites le texte de la *Genèse* est sorti de la combinaison de deux monuments écrits de sources différentes ; dans l'un la divinité aurait été appelée Élohim, dans l'autre Jéhovah. Certains commentateurs considèrent Élohim comme une forme plurielle désignant plusieurs dieux. En peut-on conclure que les Juifs aient été d'abord polythéistes ? Ce serait téméraire, car les rabbins repoussent cette hypothèse avec la plus grande énergie et expliquent très aisément ce pluriel. Ils l'appellent un pluriel de majesté comme nous disons *vous* par respect à un seul individu. Quoi qu'il en soit, il me suffit de constater que la religion des Juifs a été, dès une très haute antiquité, monothéiste et qu'ainsi ce peuple extraordinaire avait, comme les Chinois, mais sans en séparer le caractère mystique, conçu de très bonne heure l'unité du principe qui explique et justifie l'Univers, alors que les autres peuples étaient encore plongés dans une idolâtrie où l'anthropomorphisme physique, le zoomorphisme même l'emportaient de beaucoup sur l'anthropomorphisme psychique.

Je signale, sans avoir besoin d'y insister, l'islamisme qui a fait adopter le dogme de l'unité de Dieu par une multitude d'hommes dans l'Asie occidentale, dans l'Afrique septentrionale, en Turquie.

Je me borne à rappeler enfin et surtout la prodigieuse fortune de Jéhovah et la définition à la fois plus précise et plus complexe de son essence par le Christianisme. La théologie chrétienne couronne l'élaboration historique du concept de la divinité, et il est remarquable qu'elle y combine les deux anthropomorphismes, le psychique et le physique, au plus haut degré possible. Le psychique, en effet, se reconnaît, à l'état purement abstrait, dans la première et la troisième personne de la Trinité, et le physique intimement uni au psychique, s'affirme, à l'état concret le plus vivant, dans la seconde personne, dans le Christ (Dieu fait homme).

Me voilà parvenu au terme de l'évolution du mysticisme. Ce qui différencie sa dernière et plus haute formule de toutes les doctrines religieuses antérieures est facile à dégager. L'expérience et la connaissance du milieu ambiant se sont progressivement accrues chez l'homme; en même temps l'inexpliqué a décru, et les dieux particuliers, inventés faute de mieux pour servir de causes aux principaux événements du monde accidentel et en suppléer les causes véritables, ont peu à peu, les uns après les autres, perdu leur utilité; leur nombre a diminué en proportion. L'esprit humain s'est alors aperçu de la vanité de ce polythéisme instable, éphémère et indéfiniment réductible. Il s'avisa dès lors de confier la recherche et la définition des causes prochaines à ses aptitudes naturelles, à son pouvoir d'observer, d'expérimenter, de déduire et d'induire, et par une exaspération de son activité spéculative il fit, en quelque sorte, un saut par-dessus tout le monde accidentel, avant d'en avoir achevé la science, pour atteindre directement et tout de suite à la cause première. Les commencements de cette entreprise furent humbles : la science positive ne reçut sa méthode que très tard et procéda jusque-là par tâtonnements dans les ténèbres avec des temps d'arrêt et des reculs, et, d'autre part, ce ne fut point sans tremblement que l'âme affronta le suprême inconnu, principe de toutes choses, dont la puissance se mesurait pour elle à l'immensité de la création et dont le mutisme cachait tous ses desseins. Cet inconnu lui apparut comme une personne douée d'une volonté redoutable et emprunta son caractère divin à son double caractère mystérieux et anthropomorphique. Cependant la terreur religieuse ne fut pas la même chez tous les peuples ni chez tous les individus d'un même peuple. Dans certains esprits, l'Inconnu suprême dépouilla les attributs fascinateurs du mystère, tout en conservant la personnalité qui en fait un dieu, et le théisme, qui n'est au fond qu'une métaphysique divine sans culte, hérita de l'objet des religions supérieures, tout en répudiant ce qu'elles y ajoutent de sacré.

L'histoire religieuse en témoigne donc : c'est vers le monothéisme que, dans l'espèce humaine, converge le mysticisme, interprétation à la fois craintive et précipitée de l'inconnu. Le moment où il y atteint coïncide avec celui où il s'évanouit en cédant la place à une doctrine purement rationnelle, au théisme, qui, tout en le supprimant, consacre la plus haute et la plus parfaite formule de l'objet mystique, le *divin*. La divinité rejoint alors l'objet de la réelle métaphysique humaine, tel que je l'ai défini, à savoir l'inconnaissable irréductible pour l'homme. Mais parce qu'il individualise le divin, le mysticisme en expose la personnalité anthropomorphique à l'attaque la plus dangereuse, qui menace de la supprimer d'un seul coup. La doctrine contraire, en effet, le panthéisme, fruit de la dialectique pure, soustraite aux influences du cœur, destitue de toute personnalité comparable à celle de l'homme l'inconnu irréductible de l'univers. Ce système exclut toute divinité anthropomorphique et ne reconnaît qu'un seul et même substratum fondamental à toutes les unités individuelles et personnelles, un seul être leur fournissant à toutes le principe d'existence, d'activité, de conscience manifesté en chacune d'elles par les accidents et les phénomènes dont elle est le siège et dont les rapports permanents définissent son essence.

A moins de forcer le sens usuel des mots, je n'aperçois, en dernière analyse, aucune différence entre le panthéisme de Spinoza et l'athéisme. Je vais dire pourquoi. Le concept de la divinité, dans la pensée des monothéistes, implique le concept d'une unité personnelle, distincte de toutes celles qui composent le monde accidentel et phénoménal, et implique, en outre, le concept d'un être indivisible pour substratum à cette personne distincte, et enfin le concept de la création de ce monde et de son substratum par cet être. Remarquons que la création ne peut être que *ex nihilo*. En effet, il faut un substratum au monde que Dieu veut créer; mais où Dieu le prendrait-il? Puisque rien n'existe encore que lui, il devrait donc l'emprunter à son être propre; mais alors, en se scindant, il reconstituerait le polythéisme; il faut donc qu'il le tire de rien, qu'il crée le monde de rien. Or l'athée prétend que l'univers n'a pas été créé, qu'il se passe de toute divinité, que, partant, il contient en lui-même sa cause et sa raison d'être, et qu'ainsi on trouve l'une et l'autre au fond de tout, dans la racine substantielle de toutes choses. Le panthéiste ne professe pas une autre doctrine; l'étymologie du mot *panthéisme* est fallacieuse, car placer Dieu indivisément partout équivaut à l'exclure entièrement de l'univers, à moins, je le répète, de forcer le sens historique du mot Dieu, de lui en susciter un dépouillé de tout mysticisme, qui n'ajoute rien à celui du mot *substance* des métaphysiciens, et ne réponde plus à celui qu'il a pour tous les monothéistes, pour tous les croyants des cultes les plus élevés. Le mot *Dieu*, comme le mot *liberté*, signifie pour Spinoza tout autre chose que pour le chrétien, par exemple; il signifie même tout le contraire.

Le principe, quel qu'il soit, invoqué par la raison et la sensibilité humaines pour expliquer et pour justifier le monde accidentel, ne peut être légitimement appelé Dieu qu'autant que sa définition en fait l'objet d'un hommage. Cet hommage est comparable, en nature, sinon en degré, à celui que rend un fils confiant à son père, un subordonné tremblant à son maître, un sujet humble à son roi. L'insulte du croyant à son Dieu s'appelle *blasphème;* c'est une action contradictoire, une sottise ou une folie. Un athée de bonne foi ne saurait blasphémer, faute, à ses propres yeux, de matière à blasphème. Spinoza était un athée de bonne foi, car il ne croyait pas au Dieu personnel dont il professait la négation; mais, en appelant abusivement *Dieu* un être impersonnel dont tous les actes sont nécessités, il destituait la divinité des attributs humains qui permettent à l'homme de communiquer avec elle et d'établir entre elle et lui les rapports constitutifs d'un culte; il l'a par cela même, pour ceux qui croient à ces attributs, involontairement outragée.

Par toutes les considérations précédentes, je me suis mis, autant que je l'ai pu, en mesure d'assigner aux termes variables de la formule qu'il s'agit d'interpréter, leurs valeurs respectives à l'époque même où j'écris ces lignes. Peut-être vais-je pouvoir en discuter utilement pour moi la signification présente.

CHAPITRE IX

LA métaphysique humaine, telle que je l'ai définie, est aujourd'hui exactement cantonnée. Pour les hommes parvenus au degré supérieur de la culture intellectuelle et morale, l'objet métaphysique, cet inconnaissable sans l'existence duquel serait inconcevable celle de l'univers, se distingue nettement de tout le monde accidentel révélé en partie à la conscience humaine par le monde phénoménal. L'invasion de l'idolâtrie sous toutes les formes, spécialement sous la forme polythéiste, dans le domaine de la métaphysique humaine, est définitivement repoussée par l'élite du genre humain. Pour cette élite, il ne reste plus en présence que le monothéisme, religieux ou philosophique, et l'opinion neutre qui élimine tout anthropomorphisme du concept de l'objet métaphysique et même ne cherche pas à le concevoir, puisqu'il est inconnaissable. Cette opinion, qui est plutôt une mesure de prudence intellectuelle qu'une doctrine, se borne à prémunir l'esprit contre toute assimilation du principe éternel de l'univers à l'essence psychique aussi bien qu'à l'essence physique de l'homme, assimilation téméraire et démentie par l'économie du monde accidentel, par le défaut de toute moralité, au sens que l'homme attribue à ce mot, dans les forces qui régissent ce monde, par l'absence de toute bonté et de toute justice dans les relations normales des espèces vivantes entre elles. Selon la même opinion, l'être dans l'univers et sa relation immédiate avec le monde accidentel demeurent inaccessibles à la connaissance, et peut-être même les catégories du monde accidentel n'ont-elles pas toutes des signes correspondants, des représentations dans le monde phénoménal dont la conscience humaine est sur la terre le siège instable et le théâtre limité.

La plupart des savants, je crois, s'en tiennent à ces vues discrètes, à ces sages réserves qui laissent entières toutes les questions étrangères aux objets spéciaux de leurs études respectives; à cela près pourtant que, moins défiants du témoignage des sens humains, ils leur demandent de quoi définir complètement ces objets. A vrai dire, ils ne peuvent agir autrement, puisque leur méthode même les oblige à puiser dans l'expérience externe les matériaux de leur spéculation, et, d'ailleurs, ils se sentent autorisés à ne pas suspecter la portée des sens, puisque dans la succession des événements ils ont empiriquement découvert des lois qui leur permettent des prévisions, en astronomie, par exemple, en physique et en chimie. Il est ainsi démontré que les sens les ont complètement renseignés sur les portions du monde accidentel qui ressortissent à ces sciences. Si quelque donnée leur eût manqué pour établir toutes les conditions déterminantes de l'événement considéré, celui-ci ne pourrait être prévu par eux, ou le serait inexactement. Mais la prévision ne leur a été possible, jusqu'à présent, que dans le domaine des sciences dont les objets sont le moins complexes, et elle n'est précise que dans celles qui visent des *processus* impliquant des rapports mesurables, des rapports susceptibles d'être formulés mathématiquement. Ces sciences n'embrassent qu'une partie, la partie pour ainsi dire inférieure, le soubassement du monde accidentel, et n'ont pu s'en assimiler encore la partie supérieure, le couronnement, les constructions organiques avec la trame délicate et compliquée des événements qui s'y manifestent sous le nom de *vie*, toute la série ascendante des formes où s'éveille le monde phénoménal sous les désignations d'états conscients (sensations, idées, sentiments, etc.), de for intérieur, d'*âme* en un mot.

Cette région, composée de synthèses *animées*, n'offre pas comme l'autre de prises directes aux sens. Tandis que dans la région des choses inanimées les objets à connaître ont pour signes les perceptions sensibles, les images visuelles, les sons, les figures tactiles, ce sont ici les perceptions, les signes mêmes qui constituent les objets à connaître. L'instrument d'investigation change : ce qu'on appelle le sens intime, la conscience, se substitue aux sens externes, et ce nouveau mode d'expérience paraît au savant moins précis, moins sûr que l'autre. D'une part, en effet, tout y devient subjectif, l'objet même de la connaissance ne peut tomber sous l'observation du sujet qu'autant qu'il s'identifie au sujet même; c'est, par exemple, en observant sur soi-même les phénomènes moraux que le naturaliste en conçoit le type et qu'il interprète l'essence psychique des animaux révélée par l'enchaînement de leurs actes. Il s'expose à faire de l'anthropomorphisme, comme en a pu faire Buffon en décrivant les caractères moraux des animaux. D'autre part, comme je l'ai déjà rappelé au début de cette étude, le contrôle des observations internes d'autrui n'est pas possible; il ne peut nous ouvrir son laboratoire et nous y faire pénétrer, non plus que nous ne pouvons le faire assister à nos expériences dans le nôtre.

Remarquons, en outre, que si, dans les limites du monde accidentel objectif, le savant peut légitimement, grâce à l'exactitude de ses prévisions, concevoir tous les événements comme liés entre eux et formant, à ce titre, un tout solidaire, il est singulièrement déçu en abordant le monde accidentel subjectif, le monde phénoménal. Il ne peut douter qu'entre ces deux mondes n'existe quelque chose de commun, car ils communiquent entre eux : un état psychique, par exemple, détermine certaines modifications physiques et réciproquement, ou encore, le visage d'un individu en exprime l'essence et cela suppose des caractères communs à la perception sensible appelée le visage et à cette essence; mais le lien de ces deux mondes, leur fondement identique dans l'être échappe tout à fait à l'observation interne. La conscience, qui a pour champ le second, perçoit tout au plus par celui-ci l'existence du premier et les rapports mutuels des événements qui s'y accomplissent; elle ne peut outrepasser les bornes du for intérieur pour saisir la transition de l'un à l'autre et pénétrer par là leur même racine. Il y a donc pour elle une lacune insondable, un abîme entre les deux. Aussi la psychologie physiologique rencontre-t-elle un obstacle infranchissable à son progrès. Le plus haut résultat qu'elle puisse espérer de ses recherches (il serait, à vrai dire, fort important), c'est d'établir que le monde phénoménal, le monde conscient est l'exacte doublure du monde accidentel objectif, qu'il n'existe pas un événement auquel ne soit attaché un état conscient à quelque degré, si peu que ce puisse être. Mais, à supposer que ce résultat fût atteint, le problème de la communication entre ces deux mondes ne serait pas pour cela résolu, car c'est, en réalité, un problème de métaphysique.

CHAPITRE X

L'HYPOTHÈSE du monisme que j'ai déjà mentionnée simplifie de la façon la plus séduisante la position même du problème. Les deux mondes seraient tellement associés que tout événement objectif aurait son parallèle subjectif; ils ne seraient en quelque sorte l'un et l'autre que les deux faces d'une même médaille. Le phénomène exprimerait l'accident et l'être serait le fond commun à tous deux. Toutes les difficultés engendrées par l'hypothèse contraire de deux substances distinctes, corps et âme, esprit et matière, affectées aux deux ordres de faits irréductibles, se trouveraient par là supprimées. Rien de plus tentant que cette solution. Elle soulève, à première vue, certaines objections que je voudrais détruire tout de suite pour avoir le droit de la discuter plus solidement.

On n'aperçoit pas nettement, dira-t-on peut-être, en quoi consiste la correspondance présumée entre les deux mondes. Est-ce essentiellement une relation d'ordre intellectuel, de signe à chose signifiée, de sujet à objet, une *notion*, en un mot, ou n'est-ce qu'une simple relation de cause à effet, sans que l'effet contracte toujours et nécessairement le caractère d'une notion de la cause? En d'autres termes, l'état de conscience qui est supposé accompagner l'événement l'a-t-il simplement pour condition déterminante ou, de plus, en est-il l'idée?

En réalité, cette distinction n'est pas fondée, car, dans les deux cas, l'état conscient constitue un renseignement plus ou moins précis sur l'événement; il en signale au moins l'existence et, en outre, ses propres modifications en signalent l'allure. Il n'est pas nécessaire qu'un état conscient soit l'*image* d'une chose pour en être l'*idée;* il suffit qu'il la représente par des rapports, abstraction faite des sensations purement subjectives qu'elle détermine dans la conscience. Il n'y a même *idée* qu'à cette condition; ici l'étymologie tromperait sur le sens du mot *idée*. J'admets donc qu'on puisse s'accorder sur la correspondance dont il s'agit et qu'on doive entendre qu'elle consiste en ce que tout événement est accompagné de la notion de soi-même, à quelque degré si infime soit-il.

On opposera peut-être à cette définition qu'il existe des cas où le phénomène qui accompagne l'accident n'en paraît pas être du tout l'idée; qu'il en donnerait l'idée la plus fausse. Dans l'esprit d'un fumeur d'opium, par exemple, surgit un spectacle merveilleux, une multitude de formes admirables, dans une immense durée. Quelle est la relation exacte entre cette apparition mentale et son antécédent immédiat, l'événement physiologique, cérébral, qui la détermine sous l'influence de l'opium ? Cet événement très complexe, dans lequel probablement chaque cellule de la portion du cerveau affectée est modifiée et agit sur les autres, dira-t-on qu'il est *représenté* par le phénomène psychique très complexe également, que celui-ci est la notion de celui-là ? Non, malgré ce caractère commun, parce qu'on n'aperçoit aucun rapport de similitude entre les beaux paysages, les beaux corps humains apparus au fumeur et les vibrations ou autres actions et réactions mutuelles des cellules cérébrales. Telle est l'objection. Mais qu'on y réfléchisse, et l'on reconnaîtra, comme je viens de le rappeler, que l'idée d'une chose n'en est pas l'image, car l'idée consiste dans ce que la perception contient d'objectif, c'est-à-dire dans des rapports conçus entre les éléments sensibles de la perception et non dans ces éléments mêmes tout subjectifs. Si, de ce point de vue, on examine de plus près, on analyse plus profondément les caractères de cette hallucination, on arrivera sans doute à constater qu'à tous les rapports entre les éléments constitutifs du phénomène psychique correspondent respectivement certains rapports entre les éléments constitutifs du complexus cérébral. Ce qui masque au premier abord ce parallélisme, c'est que la portion subjective du phénomène psychique, le sensible des images, des souvenirs latents réveillés et combinés en fait oublier la portion objective, l'idée, qui n'est qu'un rapport entre leurs éléments. L'apparition hallucinatoire est un état conscient intellectuel, c'est une notion en tant que ses éléments sont des souvenirs d'impressions reçues antérieurement du monde extérieur, et en tant que les rapports de ces souvenirs entre eux correspondent, non pas, il est vrai, à des objets situés présentement hors du cerveau dans le milieu ambiant, mais à des rapports réels et actuels entre les modifications du cerveau même, entre les événements cellulaires que l'opium y fait surgir. Le fumeur se méprend sur l'objet correspondant à ses visions, aux synthèses d'images emmagasinées, puis éveillées et remuées dans sa mémoire; cet objet n'est pas réellement des paysages, des corps humains, mais un simple complexus de substance cérébrale. Quand une chose extérieure impressionne notre rétine, la perception visuelle déterminée en nous par cette impression a, en réalité, deux objets, la chose d'une part, et, d'autre part, l'ébranlement cérébral, la synthèse des événements physiologiques, consécutif de l'impression; un fait extérieur au cerveau et un fait dont il est le siège. Après que l'impression a disparu, que toute communication a été interrompue entre la chose vue et le nerf optique, l'objet initial est supprimé; il ne reste plus de présent que l'objet subséquent, l'ébranlement cérébral, consécutif de l'impression et dépositaire de tous les rapports correspondant à ceux qu'impliquait l'objet supprimé. Or ces rapports, ces souvenirs sont susceptibles de désorganisation et de composition nouvelle. L'opium a la propriété de provoquer ces effets; il fausse l'objectivité initiale des synthèses mnémoniques, des images composées, sans atteindre celle de leurs éléments indivisibles dont l'origine empirique communique une objectivité partielle et lointaine aux visions hallucinatoires.

En dernière analyse, l'objection au monisme tirée des cas tels que celui-ci, où l'accident subjectif, le phénomène, ne semble pas représenter l'accident objectif, l'événement extérieur, cette objection est superficielle et n'est pas fondée.

J'ai supposé que le phénomène, l'état conscient est l'idée de l'événement qu'il accompagne; mais il s'agit de concevoir la réalisation de cette idée, comment elle se produit, pour éviter d'attribuer l'existence réelle à une chose abstraite de la réalité par mon esprit, car, d'après les données de l'expérience, une idée n'existe qu'à certaines conditions dont je ne peux la séparer sans l'anéantir. L'idée, telle que je la trouve en moi (et je ne sais ce qu'elle est ailleurs), ne va pas sans un système de conditions qui la détermine; ce système s'appelle un cerveau, une fonction intellectuelle, ou une âme, selon le point de vue de celui qui en parle; mais dans tous les cas, en le supprimant on laisse l'idée suspendue, en quelque sorte, dans le vide, sans cause ni racine dans le monde accidentel, non plus que dans l'être. Considérer l'idée, abstraction faite de tout cerveau, de tout principe pensant, c'est former une pure fiction qui ne la dispense nullement, si elle doit rentrer dans la réalité, de satisfaire aux conditions empiriquement reconnues nécessaires à son existence. Or dans l'hypothèse moniste, qu'est-ce qui représente le système de conditions susdit? En un mot, qu'est-ce qui pense? Est-ce l'événement même? Doit-on garder tout événement du monde accidentel comme représentant ce système, comme se pensant lui-même, comme ayant conscience de lui-même, si peu que ce puisse être, de sorte que le phénomène, l'idée en serait tout ensemble le produit et le signe intellectuel?

J'aperçois une difficulté essentielle, une impossibilité foncière à ce qu'il en soit ainsi. On ne peut pas admettre, en effet, que le phénomène soit déterminé par une impression sur l'événement, car une impression sur celui-ci en serait une altération, en ferait un autre événement; pour qu'il subsiste, il faut donc que le phénomène l'accompagne sans impression. L'événement, l'individu conscient n'a donc affaire qu'à lui-même. Mais alors je retrouve là, posé dans les mêmes termes, le problème relatif à la connaissance de l'être par l'être, que j'ai dû résoudre négativement au début de cette étude; car peu importe que l'individu considéré soit un être ou un événement; les considérations qui m'ont conduit à une solution négative sont valables pour le second cas comme pour le premier.

On ôte toute prise à cette objection en supposant que ce n'est pas l'événement même qui détermine le phénomène dont il est accompagné, et que ce n'est pas non plus une impression exercée sur l'événement; mais que l'un et l'autre sont causés simultanément par leur substratum commun, par l'être; en d'autres termes, que l'être a conscience de tous ses actes, qu'en lui l'activité et la pensée sont solidaires, toujours présentes l'une à l'autre comme un miroir inséparable d'un objet changeant qu'il réfléchit en s'y accommodant toujours. Le seul inconvénient de cette hypothèse est d'outrepasser le champ de l'expérience où opère le savant et d'introduire l'objet métaphysique dans les explications. Cet inconvénient ne me touche guère, car maintes fois, bon gré mal gré, sans en avoir conscience, le savant l'y introduit; mais il le fait légitimement s'il n'affirme rien de l'inconnaissable, sinon qu'il existe et qu'il est le principe de tout le monde accidentel, objectif et subjectif, de tous les événements et de tous les phénomènes.

Si je ne souscris pas encore à la doctrine moniste, c'est pour d'autres raisons. Je n'oublie pas que le psychique est humain ou du moins manifesté à l'homme uniquement par la conscience de l'homme même, ce qui menace de soustraire à l'application de cette doctrine tout ce qui n'est pas humain, et qu'est-ce que l'homme dans l'univers? Prudemment restreinte à la portion du monde accidentel et phénoménal qui embrasse le règne animal sur la terre, je me sens disposé à l'admettre. J'ajoute que toutefois je ne pourrais m'y décider qu'après qu'elle aurait rendu compte de l'unité de la conscience individuelle; j'ai déjà fait cette réserve dans les préliminaires.

La dissertation précédente paraîtra bien subtile, je le crains, au lecteur. Mais je le prie de remarquer qu'il n'a pas dépendu de moi qu'elle fût autre. Ce n'est pas moi qui ai inventé la doctrine moniste et ce n'est pas ma faute si son apparente simplicité cache un tissu de difficultés plus complexe qu'on ne croirait à première vue; ceux qui l'acceptent d'emblée s'en apercevraient s'ils prenaient soin d'en approfondir le contenu. Je me défie extrêmement des théories fondées sur les choses vues de loin et en gros. C'est précisément parce que celle-ci m'attire qu'elle me met en garde contre son attrait même.

CHAPITRE XI

Toutes les impressions qui affectent les sens de l'homme sont d'ordre mécanique. Suffisants pour communiquer avec la portion fondamentale, la moins complexe du monde accidentel objectif, ses sens ne lui permettent sans doute pas d'en atteindre les régions supérieures, celles où les événements sont déterminés par l'activité la plus variée peut-être, la plus vivante, en quelque sorte, de l'être. Comme d'ailleurs ces événements sont liés par l'unité même du principe actif aux événements qui tombent sous nos sens, il ne me paraît pas impossible que ceux-ci en soient indirectement affectés. Ils le seraient alors d'une manière qui échapperait à toutes nos prévisions par ce que les facteurs de ces apparentes anomalies échapperaient eux-mêmes à notre expérience et à notre connaissance. S'il en est ainsi et si l'on admet, en outre, que la conscience ne soit pas circonscrite dans le psychique terrestre, mais accompagne plus ou moins tous les événements de l'univers, les anomalies apparentes dont il s'agit doivent entraîner des perturbations correspondantes, d'apparence mystérieuse, dans la conscience humaine, dans le domaine des états psychiques de l'homme.

Je fais halte ici et je me recueille, car je me sens emporté malgré moi vers un horizon nébuleux que je redoute. Je ne veux m'engager de ce côté-là qu'avec les plus grandes précautions; je n'y suivrais qu'à bon escient, et toujours de loin, ceux qui s'y précipitent aujourd'hui. L'occultisme renaît autour de moi sous diverses formes qui me sont toutes suspectes; je les trouve plus dangereuses que celles d'autrefois. Aussi longtemps que les sciences expérimentales dites positives ont, comme je l'ai indiqué précédemment, fait reculer de proche en proche, devant leur flambeau, le mysticisme qui confondait le connaissable encore voilé avec l'inconnaissable irréductible, la partie encore inexplorée du champ de la physique avec l'impénétrable sanctuaire de la métaphysique, les prétendues sciences occultes ont vu leur objet décroître rapidement et les religions se simplifier le leur, et l'on pouvait être tenté d'en induire que cette diminution progressive de la marge qui sépare le connu de l'inconnaissable aboutirait à l'élimination du mysticisme. Mais celui-ci semble, au contraire, en dépit des conquêtes scientifiques, plonger ses racines plus avant, plus solidement dans la pensée contemporaine. Les religions supérieures, pures d'idolâtrie chez leurs adeptes les plus intelligents, s'approprient sous le nom traditionnel de Dieu tout l'empire de l'inconnaissable; elles en font une personne douée à un degré infini des qualités morales requises pour assurer à l'homme, ici-bas ou après sa mort, toutes les satisfactions que réclame son besoin de justice et d'indulgence, de finalité sagement préconçue dans les événements qui intéressent la sensibilité. Il est certain que notre sort, dans l'avenir comme dans le présent, dépend du principe insondable d'où relève tout le monde accidentel; mais il n'est pas prouvé que ce principe ait une essence psychique semblable à la nôtre et qu'il suffise, pour s'en faire une idée vraie, de porter à l'infini nos attributs moraux. Le savant n'en est pas moins mal venu à opposer sa conception de l'univers à celle que professe le théologien, car celui-ci ne lui conteste pas ses acquisitions, il s'en tient à prétendre qu'elles n'expliquent rien de ce qu'il importe le plus au genre humain de connaître. Il lui fait remarquer que le champ d'exploration assigné aux sciences positives est invinciblement borné par les ressources restreintes de l'expérience et de l'intelligence humaines, que ce champ n'embrasse qu'une partie du monde accidentel objectif, celle qui tombe sous nos sens, et une partie du monde accidentel subjectif, celle que peut atteindre la conscience ; mais que tout le reste des événements et des phénomènes nous est inaccessible et nous demeure ignoré. Il ajoute que cependant nous vivons et qu'une règle de conduite nous est donc indispensable. Or où la prendre, à qui la demander ?

Le savant répond que ses recherches n'ont point spécialement cette règle pour objet, mais que, par la seule poursuite de la vérité sans préjugés, elles l'y conduisent par voie indirecte, qu'il y arrivera tôt ou tard, et qu'en attendant, il s'en remet aux témoignages et aux indications de sa conscience morale, qui est celle d'un honnête homme. Cette affirmation évasive est plus flatteuse pour lui-même que rassurante pour la plupart des hommes conviés par son exemple à vivre provisoirement sans maximes incontestables, scientifiquement établies. C'est, à vrai dire, l'exemple d'un homme fort instruit, mais en tout autre matière que celle dont il s'agit, d'un homme de bonne foi, mais qui, nonobstant, par égard ou préférence instinctive pour la commune croyance au libre arbitre, renie dans l'enchaînement des actes psychiques le déterminisme qu'il reconnaît dans la succession des actes physiques. Rien ne garantit à ses disciples que, en l'imitant, ils ne sacrifient pas la satisfaction de leurs appétits à une inconséquence de méthode, en faveur d'une hypothèse qui sera peut-être infirmée un jour par les derniers résultats de l'analyse.

Le mysticisme religieux a donc beau jeu contre la science positive dans la domination des âmes. Il rend un service éminent à celles qui ne peuvent tolérer le doute et sont moins difficiles sur les preuves qu'accessibles à la persuasion et aux douceurs de la sécurité intellectuelle; qui ne peuvent non plus tolérer l'incertitude dans la distinction du bien et du mal, dans le fondement de la responsabilité et la promulgation du devoir, dans la mise en harmonie de leur condition terrestre avec leurs aspirations; qui, enfin, gagnent trop à croire pour s'attacher à critiquer ou se résoudre à ignorer.

Il convient de noter, en outre, que la confiance du savant dans la fixité des lois naturelles est, au fond, un pur acte de foi, justifié assurément par l'expérience, car les propriétés qu'il a découvertes dans les corps se sont toujours montrées les mêmes toutes les fois qu'il en a fait l'épreuve dans les mêmes conditions qui les lui avaient d'abord révélées. Mais de deux choses l'une : ou bien les corps ne sont que des associations durables d'accidents déterminés par des circonstances constantes, et les propriétés de chacun d'eux ne sont que les diverses espèces d'accidents qui le définissent; ou bien les corps participent de l'être et sont, à ce titre, le principe actif des accidents dont ils sont le siège et leurs propriétés sont des modes durables de leur activité. Or, dans le premier cas, un corps étant d'essence tout accidentelle, la durée de sa constitution, pour longue qu'elle soit, dépend de l'activité de l'être qui le pose et nous ignorons entièrement si cette activité se comportera toujours comme elle le fait pendant l'évolution du système solaire. Elle nous est aussi inconnue que l'être. Dans le second cas, il est évident par la même raison que nous ne sommes pas plus en état de nous prononcer sur la fixité des propriétés d'un corps que sur celle des modes qu'affecte en lui l'activité de l'être inconnaissable dont il est une partie. Le savant, quand il affirme la fixité des lois naturelles, émet donc une présomption fondée sur la durée très probablement immense de chaque système accidentel institué par l'être, principe actif, comparée à celle de la vie humaine. Le système accidentel que représente un individu, dans une espèce végétale ou animale, dure un temps médiocrement long par rapport à notre propre durée; celui que représente son espèce, c'est-à-dire la reproduction de son type en une multitude de formes particulières, nous semble très durable; celui que représente l'évolution de l'écorce terrestre extrêmement durable, et immense celui que représente la genèse du groupe sidéral où la terre est une planète. Il se peut que chacun des éléments innombrables dont les combinaisons et les associations successives ont produit ces divers systèmes soit demeuré invariable pendant tout le temps que ceux-ci ont mis à se former. Mais si chacun de ces éléments est composé, sa stabilité apparaît aussi éventuelle que celle des systèmes qu'il a contribué à engendrer, et s'il est simple, il n'en doit pas moins son activité à celle de l'être d'où il procède. Or les conditions qui déterminent l'activité de l'être, son mode de fonctionnement, nous sont tout à fait inconnues, nous ne la constatons directement qu'en nous-mêmes sous la forme de libre arbitre, et cette forme est très déconcertante au point de vue de la fixité des déterminations.

Les prétendues sciences occultes, de leur côté, bien qu'elles se séparent très nettement encore des sciences positives dans leurs parties traditionnelles, historiques, ne s'en distinguent plus aussi franchement dans les objets d'étude fournis par l'hystérie et relatifs à l'hypnotisme, à l'hallucination et à la suggestion, dont le champ confine au terrain vague et inconsistant du spiritisme, sur lequel je ne me hasarde pas. Des savants en petit nombre encore, mais dont l'autorité considérable est propre à troubler ma quiétude, ont assisté à des expériences contrôlées, instituées même par eux, où semble s'effacer toute limite entre l'investigation en matière de surnaturel et la méthode baconienne, procédés autrefois si différents.

Dans ces manifestations étranges dont je ne me porte nullement garant, dont beaucoup ne sont que des tours d'adresse imaginés par une supercherie maintes fois éventée, mais dont beaucoup aussi paraissent soutenir la critique la plus minutieuse de savants exercés, le physique, le fait sensible produit est toujours lié au psychique par les conditions requises pour qu'il se manifeste; les forces en jeu ne sont pas exclusivement celles que les sciences naturelles, la mécanique, la physique, la chimie, la physiologie, ont signalées et nommées; il intervient, pour les mettre en action, des puissances d'ordre psychique : la volonté concentrée dans l'attention sur tel mouvement ou telle apparition à provoquer, l'influence, mal définie et, à ce titre, mystérieuse d'un médium, etc. Les faits extraordinaires dont il s'agit se passent, d'une part, à la commune limite de l'être et du monde accidentel, laquelle échappe à l'observation tant interne qu'externe de n'importe qui; d'autre part, aux confins, également soustraits à tout moyen de connaissance, de l'objectif et du subjectif, de l'événement et du phénomène.

C'est aujourd'hui par cette double voie, par cette double fissure que, en présence du savant incapable d'y opposer d'autre barrière qu'un inoffensif mépris, dépourvu qu'il est d'arguments d'ordre empirique, les seuls décisifs à ses yeux, se faufile l'idée du miracle, de la magie, du spiritisme et, en général, d'une action exceptionnelle exercée par l'inconnaissable sur le processus normal de nos perceptions sensibles et de nos pensées. Toutes les doctrines mystiques, religieuses ou occultes se retranchent plus ou moins consciemment dans ces deux régions limitrophes, inaccessibles aux sens et à la raison tout ensemble, où leur position n'en est que plus forte contre toute attaque. Toutes s'attribuent la mission d'y mettre à nu l'être, le fondement de l'univers, le roc qui se dérobe à la pioche patiente de l'explorateur naturaliste; toutes se flattent de révéler à l'homme ce qui intéresse le plus sa destinée, son bonheur, le principe même de tout le monde accidentel où il est plongé.

La *révélation,* au sens que le christianisme donne à ce mot, est la fonction propre de toutes les religions comme de toutes les sciences occultes, la fonction qui en motive l'existence, en explique le succès, et, j'ajoute, en justifie la faveur, pourvu que ces disciplines soient bienfaisantes. Il ne faudrait pas, en effet, prêter une importance excessive au plus haut produit de la petite planète Terre, surfaire l'importance de cet être, étonnant à coup sûr, mais étonnant surtout par une misère qui lui est propre, inconnue aux autres espèces, par la disproportion criante entre ses appétits et ses forces, entre sa curiosité et ses ressources pour la satisfaire. Il ne faudrait pas, par esprit de corps, exagérer sa souveraineté dans le Cosmos infini au point de refuser à sa faiblesse l'appui le plus commode, à ses défaillances le secours le plus ingénieux, à ses fureurs le frein le plus rigide, à ses vices le plus salutaire effroi. Ce ne sont, par malheur, que des expédients, et les voilà qui s'usent avant que la vertu soit scientifiquement instaurée.

Peu d'esprits sont assez fermes, peu de cœurs assez stoïques pour se passer de toute révélation, et encore ceux-là mêmes sont-ils obligés de s'en remettre à l'intuition ou plutôt à l'héréditaire éducation du jugement pratique pour se diriger dans le milieu social. Cette concession serait, de la part des savants, excusable et même, à titre de méthode, irréprochable, si elle n'était qu'expectante, car alors elle leur permettrait de ne pas compromettre par des solutions provisoires et anticipées les résultats qu'elle assure à leurs recherches; mais, loin de là, elle ne les dispense nullement, paraît-il, d'adopter et de professer des maximes qui supposent la morale fondée avant même la démonstration scientifique du libre arbitre et de la responsabilité en conflit aigu avec le déterminisme. Hélas! avant d'être savant on est homme, on est tenu, pour vivre, d'agir sans délai, et pour le faire, de croire avant d'être en état de prouver. Quelque chose d'indémontrable et d'indéniable à la fois, legs d'ancêtres ignorants, dirige aveuglément la volonté du plus grand savant. La modestie sied donc même au génie.

Que choisir? Les enseignements mystiques ou les leçons de la science positive? Les premiers ont réponse à toutes les questions capitales posées à l'univers par l'esprit impatient, aux questions d'essences, d'origine et de fin, relatives à l'homme, et flattent ses hautes aspirations, ses sublimes espérances par des promesses infiniment précieuses; mais ils récusent ou restreignent l'autorité de la raison comme s'ils en redoutaient la critique et semblent se complaire à la confondre. Les secondes procurent à l'esprit rassis toutes les satisfactions que lui assure un usage de ses aptitudes proportionné à leur puissance et mesuré à leur portée, la clarté dans les idées et la sécurité dans l'affirmation; mais ces avantages ne sont dus qu'à l'exiguïté relative du champ d'exploration. C'est à condition de s'attacher au sol que le regard ne rencontre aucun nuage, et il ne discerne nettement les objets qu'autant qu'il ne s'étend pas, qu'il ne vise pas l'horizon. Il est, du reste, inutile pour la conduite de comparer les deux institutions antagonistes de la connaissance, car il n'y a pas lieu de délibérer. La préférence est prescrite à chaque homme par la résultante d'une foule d'influences héréditaires et sociales, par son éducation première en lutte avec son tempérament moral qui plie ou résiste le plus souvent à son insu. Son choix se fait en quelque sorte sans lui.

CHAPITRE XII

J'AI lieu de penser que le mien désormais a recouvré son intégrité. Je vieillis; chaque jour me précipite vers le terme où je ne penserai plus, où du moins il y a chance que je ne puisse plus penser... Quelle aura donc été sur la terre la trempe naturelle de mon cerveau? Quel aura été le fruit mûr de son labeur propre? Il est temps que je le discerne et le recueille. Mon acquis personnel m'humilie; mon ignorance, au bout du compte, m'épouvante. Tout l'inconnu m'a tenté, mais je ne suis doué pour aucune découverte; à peine le suis-je pour m'assimiler les plus lumineuses conquêtes d'autrui sur l'ombre qui voile la matière et le jeu de ses forces. Je dois aux sciences naturelles quelques notions certaines, les plus générales; mais les questions y sont d'autant moins élucidées qu'elles m'intéressent davantage; entre autres, celle de la vie. Quant aux mathématiques, le peu que j'en ai effleuré m'a tout de suite averti que ce sont des machines mentales admirablement agencées pour exploiter tous les objets qu'on y introduit, pour en tirer tous les rapports qu'ils impliquent; malheureusement, les seuls objets qu'on y puisse introduire sont des quantités et des figures, et aucun des problèmes qui m'attirent ne relève de ces données. Restent les doctrines transcendantes, d'ordre religieux, métaphysique, psychologique, dont les objets dépassent et déjouent l'atteinte des sens; elles traitent précisément de ce qui me passionne et me tourmente, mais elles ne m'ont rien enseigné qui fût inébranlablement prouvé, et l'impossibilité où sont leurs chapelles ou leurs écoles de s'entendre sur n'importe quel article de leur programme m'en a inspiré une incurable défiance.

Je voudrais sommairement dresser mon inventaire intellectuel, fixer pour moi-même où j'en suis après mon vagabondage dans les directions les plus opposées de la pensée. Peut-être vais-je constater, à ma honte, que je ne suis pas plus avancé sur l'abrupt sentier de la vérité aujourd'hui qu'au début de mon pèlerinage, quand ma mère me joignait les mains, matin et soir, en me faisant balbutier des mots que je sentais sacrés sans y rien comprendre.

Je sais d'abord que j'existe, puisque j'appelle l'existence précisément ce qui, avant toute autre condition, me permet de m'interroger. Je crois invinciblement que la chose que j'appelle *moi* n'est pas tout ce qui existe, qu'il y a en dehors d'elle autre chose. Je le crois, parce que c'est précisément dans le tout une distinction à faire qui a motivé la création du mot *moi;* il me semble que jamais je n'aurais eu l'occasion de me distinguer de quoi que ce fût si j'étais tout.

J'ai reconnu que chez l'homme les sensations, synthétisées d'une infinité de façons, ne fournissent à son esprit que des renseignements d'ordre purement relatif sur leurs causes extérieures; que dans chaque individu l'ensemble de ces synthèses constitue un monde phénoménal particulier, de sorte qu'à un seul et même monde accidentel extérieur correspondent autant de mondes phénoménaux qu'il y a d'individus. Mais aussi j'ai constaté par un contrôle suffisant que le système de rapports conçus dont est faite chez un individu la notion du monde accidentel extérieur est identique ou susceptible de le devenir dans la pensée de tous les autres qui ont perçu les mêmes objets. Cette concordance, quand elle est parfaite et certaine, m'offre une première garantie de l'objectivité de cette notion : j'entends par l'objectivité ou la vérité d'une idée l'identité du système de rapports qu'elle implique entre ses éléments sensibles et du système de rapports qui lient les causes extérieures de ceux-ci.

Cette garantie ne me suffit pas, car l'unanimité n'assure pas la vérité. L'initiative que prend l'intelligence dans la conception des rapports entre données sensibles lui permet, d'un côté, d'en concevoir qui ne correspondent pas à ceux du dehors, et, d'un autre côté, l'expose, par manque ou vice d'attention, à en affirmer qui même n'existent pas du tout. De là deux sources d'erreur : dans le premier cas, si elle les attribue à l'objet; dans le second cas, par absence d'objet. Or les annales de la connaissance humaine relatent des erreurs unanimes et persistantes de l'une et de l'autre origine. Je ne crois avec une entière confiance qu'aux sciences expérimentales dont les acquisitions peuvent être à chaque instant contrôlées par le renouvellement, provoqué dans les mêmes conditions, des événements qu'elles constatent, et la vérification des lois qu'elles en ont induites. Je n'accorde pas un crédit sans réserve aux sciences historiques, qui ont pour matière des faits accomplis, mais non renouvelables à volonté, telles que l'astronomie et la géologie dans leurs hypothèses relatives à la formation des mondes ou des terrains, et l'histoire proprement dite qui enregistre les événements principaux de la vie des peuples. Mais grâce à la continuité du devenir et à la constance présumable des lois qui le régissent, il est possible de découvrir, par l'analyse des faits présents, les conditions qui ont déterminé les faits passés, et l'explication de ceux-ci me paraît d'autant plus scientifique et solide qu'elle en identifie les causes aux causes déjà découvertes et présentement agissantes. Rien, par exemple, ne me semble plus conforme à la méthode positive que d'avoir substitué à l'hypothèse des révolutions brusques du globe terrestre celle de la transformation continue de son écorce sous l'influence primitive et persévérante des mêmes agents qui la modifient sous nos yeux. Je citerai encore l'hypothèse de Darwin; qu'elle représente plus ou moins la réalité, elle demeure éminemment scientifique par la substitution de causes constantes à des causes soudaines et intermittentes.

Si importantes que soient pour l'homme ses découvertes dans le monde accidentel, si belles qu'elles soient par l'exiguïté même du flambeau comparée à l'étendue de la surface éclairée, encore ce flambeau n'éclaire-t-il qu'une surface, et dans des limites prescrites par la portée de son rayonnement.

Chaque homme possède son monde phénoménal; la multitude des mondes phénoménaux individuels ressemble à une foule de masques distincts sous lesquels se présente à notre espèce l'unique monde accidentel. Aucun de ces masques ne s'y applique exactement, mais ils ont tous avec lui les mêmes points de contact que l'humanité ignore et dont elle prend peu à peu, très lentement, conscience. Tous ces masques sont donc superposables en ces points, qui, raccordés entre eux, constituent la science humaine, la science positive. Chaque découverte nouvelle est la constatation d'un de ces communs points de contact; elle est assurée par la coïncidence, en ce point, de tous les masques du monde accidentel. Un jour peut-être la constatation de tous les points coïncidants sera achevée. Alors se sera dégagé des mondes phénoménaux unifiés, c'est-à-dire respectivement purgés de tous leurs principes de diversité, de tous leurs matériaux individuels et subjectifs, le moulage le plus parfait que l'homme puisse se donner du monde accidentel objectif.

Ce moulage néanmoins, à supposer même qu'il fût absolument parfait, ne serait encore qu'un masque, non plus, assurément, celui du monde accidentel : il s'y serait identifié, mais, par cette identification même, il s'y serait substitué pour devenir à son tour le masque de l'être. Celui-là, il n'est possible ni de l'arracher ni de le réduire.

Je sais, en effet, que l'être est impénétrable. Comme il est, d'ailleurs, la source de tout le monde accidentel, je ne connaîtrai jamais rien de l'origine des choses qui tombent sous mes sens. Je n'en pourrai pas davantage connaître la fin, du moins sans nulle incertitude; car, si les lois qui en régissent l'évolution m'apparaissent invariables et me permettent même, une fois formulées, de prédire certains événements de cette évolution, je n'ai nulle assurance rationnellement fondée que leur constance ait le caractère de l'éternité. Comment pourrais-je l'affirmer, puisque ces lois ne sont, au fond, que des propriétés de l'activité de l'être et que j'ignore dans les conditions l'être agit, en quoi consiste s puissance ?

J'ignore également s'il est un ou multiple. Sans doute la connexion manifeste de tous les phénomènes entre eux dans la conscience individuelle, dans l'unité du moi, et à la limite du moi, avec les événements extérieurs qui les déterminent et y correspondent, enfin la connexion de tous ces événements qui se conditionnent les uns les autres, sans doute cette solidarité générale dénonce l'existence d'un être où elle se réalise. Mais rien ne me prouve qu'une pareille solidarité entre des faits n'ayant d'ailleurs absolument rien de commun avec ceux qui composent le monde accidentel dont je fais partie ne constitue pas un autre monde distinct et séparé de celui-ci, et une multitude d'autres encore également distincts et indépendants. Or, s'il en est ainsi, chacun de ces mondes requiert un être métaphysique dont il soit l'acte.

Je ne suis nullement porté à croire que cette supposition soit vraie, qu'il y ait plusieurs êtres métaphysiques indépendants les uns des autres, car si je puis admettre pour chacun d'eux la nécessité de l'existence au même titre que je la reconnais à l'être du monde où je vis, je ne conçois d'aucune manière celle de leur pluralité. Je ne conçois pas pourquoi il y en aurait nécessairement tel nombre plutôt que tel autre ou une infinité.

La pluralité et la diversité *originelles* ne me semblent pas des conditions nécessaires : aussi dois-je avouer que l'argument dont je viens d'user contre l'hypothèse d'une pluralité d'êtres métaphysiques se retourne, pour m'embarrasser, contre la pluralité originelle des attributs que je suis bien obligé pourtant de supposer à celui dont j'affirme l'existence dans notre cosmos. Ces attributs, je ne prétends certes pas les définir ni les dénombrer; mais l'évidente multiplicité, l'évidente variété des événements de ce cosmos réclament dans l'être un principe d'activité multiple et variée, et je ne peux éviter de le constater. Comment donc concilier la pluralité des caractères originels de cette activité avec leur nécessité? Je sens là une antinomie irréductible; ma raison en est accablée comme par toutes celles que j'ai déjà signalées dans l'objet métaphysique. La création *ex nihilo* répugne éminemment à mon intelligence, mais la prodigieuse diversité des types et, dans chaque espèce, la pluralité finie et jamais constante des individus la confondent presque au même degré. Je constate sous la même latitude, dans les mêmes conditions géologiques et climatériques, des milliers de formes différentes affectées par l'organisme animal ou végétal, bien que les fonctions essentielles soient nettement déterminées et en très petit nombre. Comment peut-il y avoir eu *nécessité* à ce que ce même organisme prît tant de formes diverses ? Les facteurs de cette diversité dans une région circonscrite sont, en effet, eux-mêmes bien déterminés et modérément nombreux, car ce sont les influences du milieu signalées plus haut et la lutte pour l'existence, la concurrence vitale. N'y a-t-il pas une disproportion frappante entre la multitude des différences morphologiques, d'une part, et, d'autre part, la simplicité du germe initial et le nombre restreint des agents qui en ont si prodigieusement modifié, à la longue, la virtualité plastique ? Je ne peux m'empêcher de supposer une pluralité et une diversité initiales d'essences organisées et même de les supposer l'une et l'autre importantes, pour expliquer la richesse présente de la morphologie terrestre en types distincts; mais alors je ne conçois plus cette richesse comme compatible avec la nécessité des actes métaphysiques d'où ils procèdent. Je serais tenté d'y admettre l'arbitraire et même le caprice, une sorte de préoccupation esthétique, de l'art en un mot; mais je n'ose m'arrêter à une hypothèse aussi peu rationnelle, anthropomorphique assurément.

Je voudrais bien que mon souci scrupuleux d'éviter l'anthropomorphisme dans les questions que je pose à l'univers et dans mes interprétations de ses énigmes fût jugé excessif et qu'il me fût permis d'y moins sacrifier, car s'interdire de rien prêter d'humain à l'être qui anime et dirige tout le monde accidentel, c'est se condamner à un isolement effrayant au milieu de cette foule de fantômes silencieux dont aucun ne paraît en savoir plus que moi sur son origine, sa nature et sa destinée. Pourtant eux et moi nous communiquons tous, à une profondeur insondable, avec notre cause éternelle, nécessaire, absolue, infinie. Puisque tous nous tenons d'elle ce que nous sommes, il y a certainement quelques caractères de fraternité entre nous et de paternité dans nos relations avec elle. Mais combien cette fraternité et cette paternité ressemblent peu à celles qui unissent les hommes et dont j'emprunte ici l'image! De même que les éléments dont est fait mon individu ne peuvent être tous sans aucun rapport avec les autres individus de mon milieu, de même que, par l'étendue au moins, mon corps a du rapport avec les astres, ma force avec celle qui les pousse, ainsi rien de ce que je suis ne saurait *totalement* différer de notre commun principe, rien de ce que je sens, rien de ce que je pense ne saurait lui être *totalement* étranger, mon énergie volontaire n'est pas *totalement* différente de son activité. Mais ce par quoi je lui ressemble doit être si éloigné, si général, si dépouillé de tous les traits propres qui le caractérisent, si indéterminé que je n'ai aucune chance de me faire une idée, même approximative, de son essence intime en la comparant à la mienne; c'est comme si j'entreprenais d'employer les caractères de mon corps à définir le soleil. Voilà pourquoi l'anthropomorphisme ne pourrait que m'égarer. Je renonce donc à demander à l'être métaphysique s'il est bon et juste; j'y renonce par la même raison qui m'interdit de l'interroger sur la couleur de ses yeux. Ce qui, dans l'âme humaine, sous les noms de bonté et de justice, assure à notre espèce sa conservation et son rang, change, par degrés, de nature et d'aspect, en reculant jusqu'à la plus lointaine source de la morale à travers toute la création et perd, d'échelon en échelon, ses caractères avec son objet. L'attribut qui, dans l'être, s'adapte et suffit à toutes ces applications successives pour subvenir à toutes les exigences de l'universelle évolution ne s'appelle ni bonté, ni justice, ni cruauté, ni partialité, ni même indifférence. Je n'en connais pas le nom, j'en ignore la nature et je ne cherche pas à le comprendre. Il existe assurément, je n'en sais pas davantage.

Du moins ne saurai-je pas ce que je suis, quelle est ma part de l'être, si même j'en participe, si, comme j'ai tant de fois essayé de le deviner, je ne suis qu'une résultante plus ou moins durable d'accidents conjugués ou quelque indissoluble monade de substance consciente, à tout jamais lancée dans l'immense tourbillon des indivisibles, à la fois physiques et psychiques, dont les synthèses indéfiniment variées se font, se défont et se refont sans trêve ? Je l'ignore, hélas! tout à fait, car ma conscience ne m'en révèle rien. Je n'aperçois que mes modifications; mon regard intérieur rencontre un rideau noir devant le couloir qui aboutit de mon côté à ma vie psychique, et de l'autre côté à son substratum et à son principe.

CHAPITRE XIII

L'INVINCIBLE résistance de l'être à mes tentatives d'effraction m'a rejeté violemment dans le monde accidentel, dans le petit canton que mon for intérieur, théâtre ambulant, y occupe avec toute sa fantasmagorie de phénomènes.

Je m'y enferme pour n'en plus sortir. Je me livre sans réserve à l'ivresse de cette féerie intérieure. Les décors dont elle est faite ne sont que des toiles peintes; il suffirait d'un coup de vent pour les emporter. Dans leur appareil, ce qui offre quelque solidité, c'est précisément ce qui en est caché à mes yeux, c'est l'invisible bâti qui les soutient et dont le sens du toucher seul me révélerait la charpente à travers le voile coloré. Mais je ne veux plus m'occuper de la machine qui fait mouvoir les plans et les figures du tableau et y produit les changements à vue dont je m'émerveille, d'autant que mes mains n'en pourraient tâter que la surface et que le moteur est dans les dessous. Me voilà débarrassé d'un gros souci; je puis avec délice, sans trouble, sympathiser aux passions des personnages qui occupent la scène, admirer leurs gestes, rire ou pleurer de leurs discours, approuver ou blâmer leurs actions, épouser enfin leurs intérêts qui m'avaient semblé, je l'avoue, si secondaires, si chétifs quand ceux de l'univers entier en distrayaient mon attention et l'absorbaient tout entière. Je me félicite de mon retour à mes habitudes professionnelles. Je m'aperçois, en effet, que me voilà redevenu poète, ou, plutôt, simplement homme, car la spéculation qui côtoie l'être métaphysique risque de s'égarer dans l'inconnaissable, et cet égarement est une déviation cérébrale qui relève de la tératologie.

Je ne doute plus, je contemple, j'admire, je m'enthousiasme, ou je m'indigne et me détourne avec horreur. Mes penchants et mes répugnances ont repris possession de ma volonté; je suis rendu à mes instincts.

A mesure que m'abandonne la curiosité de ce qu'il est interdit à l'intelligence humaine d'approfondir, de ce qu'elle n'a ni le don ni, partant, le droit de connaître, à mesure qu'abdique en moi la critique rationnelle de ce qui ne ressortit pas à la raison humaine, je sens renaître toutes mes aspirations, que l'examen paralysait. Je retrouve ces élans, ces essors de cœur vers l'objet indéfinissable, situé hors de mes prises, bien au delà de mes atteintes, mais que les hauts exemples d'héroïsme et de charité, les arts, la musique surtout, me désignent avec une parfaite netteté comme promettant seul à l'élite de notre espèce toutes les sortes de félicité dont elle est capable.

Les sentiments que le déterminisme laisse sans explication ni emploi, tels que l'estime de soi et d'autrui, le remords, recouvrent désormais leur autorité au fond de ma conscience morale; elle déchire ses bâillons et crie. Je ne m'interroge plus sur mon libre arbitre; sans le comprendre, j'en reconnais l'existence à la possibilité même de se demander s'il existe, car je ne conçois pas, quoi qu'en dise Spinoza, comment l'idée du libre arbitre aurait pu surgir d'un univers entièrement nécessité.

Ainsi ma résignation à l'ignorance normale,

essentielle de mon espèce est récompensée par le retour en moi de mes inclinations et de mes certitudes foncières, supérieures par leurs objets, mais équivalentes par leurs effets aux instincts qui dirigent sûrement l'activité des animaux pour leur conservation. Il se peut que je sois moins favorisé qu'eux par la nature à cet égard, mais je n'ai aucune raison de le présumer.

Ces guides intérieurs auxquels je me fie modestement, comme les bêtes se fient à leurs instincts, ont-ils de tout temps été chez nos ascendants, même chez les plus éloignés, tels que je les trouve en moi? N'ont-ils chez eux jamais rien dû à l'éducation progressive et ne lui doivent-ils rien non plus en moi? Je suis loin de le croire. Mais ils n'en sont pas moins acquis au groupe social, au troupeau humain dont je suis une tête; ils lui sont acquis par une sélection séculaire, par cela même qu'ils l'ont conservé au milieu des épreuves de tout genre dont témoigne l'histoire.

Ma curiosité ne remonte plus jusqu'à l'inaccessible origine du malaise étrange que j'éprouve en certains cas à ne pas accepter de souffrir, à ne pas savoir sacrifier la satisfaction de mon désir à l'intérêt d'autrui, ni vers la source également insondable de la joie supérieure (trop rare) que me procure le sacrifice et qui m'est d'autant plus douce que je consens à m'imposer une privation plus dure. Je me borne à constater en moi ces deux états d'âme opposés et à en chercher la plus prochaine explication.

Beaucoup d'animaux à l'état sauvage s'assemblent pour paître ou accomplir leurs migrations; dans certaines espèces, tous les individus, fourmis ou abeilles, par exemple, coopèrent à la conservation et à l'entretien commun sans intermittences, avec un esprit d'ordre et de suite dont le siège n'est peut-être pas en eux et dont l'œuvre, aujourd'hui achevée, demeure stationnaire. L'espèce humaine s'est aussi divisée en troupeaux, qui au début se sont formés instinctivement, c'est-à-dire avant que la conscience et la réflexion eussent reconnu, analysé et critiqué les premières relations sociales des individus groupés. Mais, au rebours des colonies d'animaux, rien de plus instable que les institutions sociales de l'humanité; on y trouve des tâtonnements, des ébauches, des essais, des renversements fréquents. C'est que l'esprit d'organisation qui en a l'initiative appartient à l'humanité même; c'est qu'elle est elle-même chargée de se constituer en colonies. Elle trouve à l'association de grands avantages, qui la stimulent à s'acquitter de son mieux de cette charge que lui impose son essence. Les penchants opposés, affectueux et envieux, généreux et cupides, serviles et dominateurs qui se disputent le cœur humain, tendent, pour se satisfaire, à rapprocher les individus. Tout homme cherche à posséder la volonté des autres pour son propre usage ou avantage; il le cherche par l'intimidation ou l'ascendant, ou l'obligation contractuelle ou l'affection. La possession mutuelle des volontés dans l'intérêt des penchants individuels et aussi dans un intérêt commun de conservation, de défense et d'attaque, constitue le lien social. Cette possession réciproque est loin de l'être également entre tous les hommes; il y en a qui possèdent la volonté d'autrui sans rien ou presque rien aliéner de la leur; il y en a qui se livrent volontiers à la tutelle et même au service d'autrui; il y en a qui ne s'y prêtent qu'à regret sans arriver à s'en affranchir. Le problème de la vie sociale pour l'espèce humaine consiste à découvrir le moyen de rendre exactement réciproque, c'est-à-dire équivalente en avantages pour tous les individus, la mutuelle possession de leurs volontés. Or ce problème comporte des solutions de plus en plus approchées à mesure que les relations des volontés individuelles sont facilitées davantage par l'adoucissement des mœurs, à mesure que l'égoïsme a perdu de sa férocité primitive au profit des penchants récemment appelés *altruistes*. Aussi le renoncement partiel qu'exige de chacun la justice distributive, puis l'oubli de soi pour autrui, l'abnégation, le dévouement, la charité, en un mot le désintéressement, sont-ils devenus peu à peu le double idéal que se proposent les nations les plus éloignées de l'état sauvage et de la barbarie, les plus cultivées, pour resserrer leur unité respective et assurer par là leur paix intérieure.

Je peux déjà m'expliquer suffisamment l'antique distinction du bien et du mal dans les rapports sociaux. Le *bien,* c'est tout ce qui favorise, par l'accord des hommes, le développement et l'exercice de *toutes* leurs aptitudes individuelles et collectives, de sorte que nulle ne soit sacrifiée aux autres, que chacune, au contraire, bénéficie, autant qu'elle le comporte, de la culture et de l'emploi des autres; le *mal,* c'est le contraire du bien. L'accord des hommes s'opère par la mise en pratique des deux conceptions morales qui prédominent aujourd'hui chez les peuples les plus avancés, à savoir celle de la justice et celle du désintéressement. Quand le désintéressement est mutuel, il ne ruine personne et profite à tous: mais lors même qu'il demeure unilatéral, il n'est que trop réfréné par les besoins personnels pour qu'on ait à en redouter l'excès.

Je vois l'immense majorité de mes semblables attacher de la *valeur morale,* du *mérite* ou, au contraire, du *démérite* aux actes humains selon qu'ils sont justes ou injustes, intéressés ou désintéressés, en deux mots, *bons* ou *mauvais*. C'est une conséquence de leur foi aveugle dans le libre arbitre; aucun système philosophique ne saurait prévaloir contre cet aveuglement salutaire. Je le partage avec toutes ses suites; je sens, à n'en pas douter, que mon intention caractérise et qualifie différemment mes actes, quel qu'en soit le succès, selon qu'elle me sacrifie à autrui ou qu'elle le sacrifie à moi. Et, si contradictoire que soit, au point de vue rationnel, l'idée du désintéressement, cette idée n'en régit pas moins mes jugements d'ordre pratique sans éveiller plus de doute réel, efficace en moi, que celle du libre arbitre.

Je dis *doute réel et efficace,* parce que je distingue profondément ce doute-là de celui que j'appellerai *logique*. Celui-ci dérive de la dialectique, il résulte d'une conclusion que le raisonnement tiré de données accordées. Or, dans certains cas, lorsqu'il s'agit de choses les plus complexes, les plus difficiles à définir, nous ne pouvons admettre la conclusion logique, sans pouvoir néanmoins découvrir aucun vice dans le raisonnement qui l'a engendrée. Nous sommes avertis par l'insurmontable répugnance du plus intime de notre être qu'elle est fausse. Dans ce cas, si la dialectique irréprochable conclut au doute, c'est en vain : nous ne doutons *réellement* pas, et la conclusion *n'exerce aucune influence sur notre conduite;* le doute est demeuré en nous purement logique, et nous gardons la conviction que, si le raisonnement a été impeccable, les données sur lesquelles il s'est établi ne sont que spécieuses et n'auraient pas dû être accordées. Cette distinction entre deux formes du doute est capitale à mes yeux; elle est le fondement de mon repos moral et elle justifie l'inconséquence, si facile à relever, entre les concepts rationnels et les maximes pratiques chez la plupart des hommes.

Avec la même certitude que je distingue le bien et le mal, je sens que cette distinction m'*oblige* à pratiquer le premier et à m'abstenir du second, autrement dit à n'avoir jamais que de bonnes volitions. L'obligation morale a-t-elle pour principe, en moi, un ordre intimé à mon libre vouloir par l'Inconnaissable, qui représenterait dans ce cas *l'impératif catégorique*? Je l'ignore, mais je suis porté à le croire, car je ne peux, par l'analyse, réduire ce lien à une nécessité purement logique, telle que celle-ci : « Par suite de l'idée que j'ai du bien et du mal, je suis tenu d'agir de telle manière pour bien agir. » Non, c'est de bien agir que je me sens tenu. Un simple désaccord logique entre mon idée du bien et ma conduite ne m'affecterait pas comme le fait la violation, par moi ou par d'autres, des règles de la justice et de l'humanité. Peu importe, d'ailleurs ; ce dont je ne doute réellement pas, parce que je le sens invinciblement, c'est que je suis averti du caractère spécial de l'obligation morale par le sentiment de ma responsabilité. J'ai, en effet, avec moi-même des relations agréables ou désagréables ; je m'en veux ou me sais gré, je me blâme ou me loue, selon la qualité morale de mes intentions. Ces arrêts intérieurs pèsent dans mes délibérations ; leur poids, c'est précisément ce que j'appelle *obligation, devoir*, et il me semble que je n'ai pas besoin, pour délibérer utilement, d'approfondir davantage la puissance qui exerce sur moi cette action, puisque, aussi bien, je ne puis pas m'y soustraire. Ah! quel service on m'eût plus d'une fois rendu si l'on eût pu me prouver que mes scrupules ou mes repentirs n'étaient que des préjugés! Ce n'est, hélas! point la complaisance qui m'a manqué pour m'en laisser convaincre. Je n'y ai pas réussi.

Mis à tout moment en demeure d'agir, avant de m'être entièrement expliqué ce que j'appelle ma conscience morale, ce qui juge en moi le parti que je prends, il faut bien que je le prenne tout de même et que je m'y résigne. Nous en sommes tous là, les plus instruits comme les plus ignorants.

Mais maintenant que j'ai raffermi ma confiance ébranlée dans cette juridiction intérieure, je ne risque plus rien à bâtir une hypothèse, un poème, pour satisfaire, sinon la folle curiosité à laquelle j'ai sagement renoncé, du moins mon imagination, qui se complaît dans l'harmonieuse ordonnance des idées. Et après tout, si le lourd javelot, à trop courte portée, de la raison téméraire, a manqué le but, est-il donc impossible que la flèche ailée du rêve, lancée par une détente spontanée du cœur, le rencontre plus haut? Le dernier mot de toutes choses demeurant le secret de l'Inconnaissable, une hypothèse accommodante, qui ne serait d'ailleurs démentie par aucun fait, sur la source de nos sentiments irréductibles, aurait quelque chance de représenter la réalité et pourrait défier toute réfutation de la part des savants, qui ne sauraient encore aborder les problèmes moraux. Or j'ai, avec tous mes semblables civilisés, avec les savants même les plus déterministes, le sentiment de ce que nous appelons tous notre *dignité*, la dignité humaine en nous. Ce sentiment, flatté ou froissé par l'intention élevée ou basse, généreuse ou égoïste, c'est-à-dire bonne ou mauvaise, qui dirige les actes, en devient dans notre conscience morale l'approbation ou le désaveu. Qu'est-ce donc que la dignité de l'homme ?

Je remarque d'abord que le mot *homme* ne désigne aucun objet particulier et, à ce titre, existant réellement. Qu'est-ce, en effet, que l'homme ? Il n'existe, en réalité, que des hommes, des individus présentant certains caractères physiques et psychiques communs à tous. C'est l'ensemble conçu de ces caractères qui forme le type spécifique humain ; ce n'est donc qu'une idée générale fondée sur une abstraction. Si c'est autre chose et davantage, si c'est une idée formée ailleurs que chez mes semblables, avant eux, éternellement, pour servir en quelque sorte de modèle à la création des individus appelés hommes, je l'ignore, j'attends que ce soit démontré. Parmi tous les hommes, il y en a qui sont doués de ces communs caractères à un plus haut degré que les autres; il y en a même chez qui s'y ajoutent des qualités refusées aux autres, telles que, par exemple, l'intelligence des rapports mathématiques, le sens des notes justes ou fausses en musique, des tons bien ou mal assortis en peinture, des lignes harmonieuses ou inharmonieuses, le sens du beau, le désintéressement qui suscite l'héroïsme et la charité. Or le type spécifique susdit, celui que décrivent le naturaliste et le psychologue, excluant, par la manière même dont il est formé, toute différence entre les individus, ne permet pas de distinguer d'un sauvage quelconque, ni les uns des autres, Aristote, par exemple, Newton, Pascal, Léonard de Vinci, Hugo, d'Assas, saint Vincent de Paul. Ce type représente, non pas le maximum, mais le minimum d'humanité. Tel quel, néanmoins, il est encore supérieur à celui de toute autre espèce animale par une spécialisation plus complète des fonctions et de leurs organes, par une division plus efficace du travail qui constitue la vie même physique et psychique, et par la plus grande complexité de ce travail. Dans l'espèce humaine elle-même, je conçois des variétés supérieures à d'autres entre la limite minima et la limite maxima que je viens de marquer, cette dernière étant atteinte par l'individu de l'espèce le mieux doué possible, dont l'essence serait formée de toutes les qualités reconnues chez les hommes, portées à leur perfection.

Cette idée de supériorité et d'infériorité, appliquée aux espèces et aux variétés, a été jusqu'à présent assez vague en moi, et je serais peut-être embarrassé de la dépouiller de tout anthropomorphisme. Je ne suis pas sûr que, dans l'univers, les manifestations d'ordre intellectuel, par exemple, aient toute l'importance que j'y attache, car, en dernière analyse, la représentation d'un objet extérieur par un signe sensible dans un sujet au moyen d'un cerveau, prise en elle-même, est peut-être un événement nécessité dont la véritable valeur n'a rien de commun avec celle que je lui prête. Je constate cet événement en moi-même et je le compare à ceux que ma courte expérience m'a permis de constater dans un minéral, par exemple, dans un végétal ou dans un animal quelconque. Rien ne se révèle pour moi d'analogue à la pensée humaine dans le premier, non plus que dans le second, et ce que j'en devine dans le troisième me semble tantôt très peu développé, tantôt capable, au contraire, de diriger des actes parfaitement concertés, mieux qu'ils ne le seraient par moi; je l'appelle alors *instinct* dans la bête, je le reconnais sous le nom de *génie* dans l'homme, sans trop savoir ce que je désigne par ces mots. Je n'oserais édifier une hiérarchie sur des fondements aussi peu sûrs. Les événements intellectuels qui m'apparaissent comme procédant d'une activité psychique toute fatale, je veux dire comme résultant d'un acte d'attention irréfléchie, d'une volition de connaître inconsciente et nécessitée, ne comportent pas, à mes yeux, plus de dignité que les événements d'ordre physique. Ils ne me semblent pas avoir plus de titres que ceux-ci à une qualification éthique. Sans doute, ce qui est essentiellement passif n'est susceptible d'aucune dignité, mais l'activité même, en tant qu'elle est nécessaire, ne la confère pas à l'agent. Je ne dirai pas que la dignité humaine consiste dans la conformité des actes de l'individu de l'espèce supposé le mieux doué possible aux prescriptions qu'il trouve écrites dans sa propre essence, indiquées dans ses aptitudes mêmes, si je ne reconnais pas la liberté de ses actes.

Pour que la conformité des actes aux lois essentielles revêt un caractère qui motive l'usage du mot *dignité*, il faut, en outre, pour moi du moins, qu'elle soit l'œuvre volontaire d'un libre effort, sinon elle ne se distinguerait en rien de l'emploi que fait de ses propriétés n'importe quel corps brut participant à une combinaison chimique, et le mot *dignité* n'a pas été créé pour désigner l'infaillibilité des actions d'un corps brut sur un autre. Il faut qu'il y ait *victoire*. Si l'homme n'avait aucune lutte à soutenir, aucune victoire à remporter pour maintenir dans sa conduite l'intégrité de son essence, la dignité lui serait étrangère et indifférente, il n'en aurait ni le sentiment ni le souci. Cela reconnu, je n'hésite plus sur le sens qu'il convient d'assigner au mot *supériorité*, du moins dans l'ordre éthique. Je sens distinctement qu'un homme laborieux, studieux, est supérieur à un paresseux, un homme généreux qui se sacrifie supérieur à un égoïste, un soldat qui triomphe de la peur à un lâche qui s'y livre et fuit. Du même coup je prends nettement conscience de l'infériorité, de ce qu'il faut entendre par *déchoir*. Déchoir pour un individu, c'est volontairement se rendre ou se laisser rendre moins homme, descendre par l'abandon de soi au-dessous de sa propre espèce. Ce n'est pas exister moins ni cesser d'exister; la mort par dévouement peut élever un homme jusqu'à la frontière supérieure de son espèce ou par réparation l'y replacer s'il est déchu; tant s'en faut que la dignité d'un être se mesure seulement à sa puissance de vie végétative, à l'étendue de ses relations, à la complexité de son organisme, à la richesse de ses moyens de communication avec son milieu. Elle se mesure premièrement à sa valeur spécifique, je veux dire au degré d'émancipation dévolu à l'activité de son espèce dans l'exercice des aptitudes qui en constituent l'essence; secondement à la part d'initiative personnelle, de responsabilité qui lui incombe dans l'usage qu'il en fait. Il en peut user d'ailleurs, mériter ou démériter sans s'être formé une idée adéquate des ressorts intimes de sa propre activité, car essayer de concevoir l'initiative absolue qui en constitue l'indépendance, la liberté responsable, c'est une tentative surhumaine. C'est tâcher de concevoir un fait sans antécédent, c'est se poser un problème métaphysique impliqué dans l'insondable relation du monde accidentel avec sa cause initiale dont notre libre arbitre semble être, en quelque sorte, un minuscule exemplaire. Il nous est très difficile d'admettre ce qui répugne à notre raison; il serait, à coup sûr, plus commode de le rayer de l'univers, mais serait-ce plus scientifique?

La dignité requiert donc le libre effort et couronne une victoire. Cette victoire est indépendante du succès extérieur de l'acte, car dans l'effort volontaire l'agent rencontre pour premier obstacle sa propre inertie. Il ne rencontre la résistance du dehors qu'autant qu'il se porte en avant pour la soutenir ou la repousser; il n'a qu'à reculer pour éluder la rencontre : il évite ainsi d'avoir même à y céder. Or le recul volontaire est une défaillance, une défaite, tandis que le recul forcé implique de la part de l'agent une tendance constante en sens contraire, laquelle est une victoire, sinon sur l'obstacle extérieur, du moins sur l'obstacle intérieur, sur la fatigue, la paresse, la peur, etc.

Que le libre effort, victorieux des résistances internes, soit une condition sans laquelle l'acte ne conférerait pas de dignité à son auteur, je le sens et je le crois; mais cette condition requise est-elle suffisante? Je m'imagine qu'un assassin, en général, n'arrive pas à frapper sans avoir eu à vaincre des répugnances instinctives ou créées par l'éducation. Un crime est d'ordinaire précédé d'une préparation laborieuse où le criminel peut avoir eu à dominer sa lassitude, sa paresse ou sa peur. Il n'est pas devenu digne pour cela; il nous paraît, au contraire, avoir atteint le dernier degré de l'indignité. Tout méritoires que, pris en soi, sans égard à leur fin, puissent être ses préalables efforts, son action complète, qui les implique, n'en est pas moins mauvaise en somme par l'intention qui la motive tout entière; or cette intention, se subordonnant tous les efforts qu'exige l'assassinat, les condamne et en vicie la valeur intrinsèque. La condition que j'ai reconnue nécessaire au fondement de la dignité n'y suffit donc pas. Il en faut une de plus, laquelle?

C'est ici qu'intervient et s'impose ce facteur irrationnel et réel que j'ai déjà signalé, sans en avoir précisé le rôle et mesuré l'importance, le désintéressement. Il est le générateur même de la dignité individuelle. Celle-ci, en effet, consiste essentiellement pour chaque homme à servir la dignité du groupe social auquel il appartient et par là même de l'espèce humaine, au détriment de sa propre satisfaction immédiate, en ce sens qu'il voue d'abord sa part d'initiative dans l'exercice de ses aptitudes à les faire collaborer au bien d'autrui, et même, saint ou héros, à les sacrifier par sa mort partielle ou entière, s'il la croit utile à ses semblables. Ce sacrifice peut accroître non pas seulement le bien-être matériel de sa famille ou de ses concitoyens, mais améliorer les conditions plus profondément vitales de leur prospérité, celles qui les rapprochent davantage du type humain supérieur que j'ai défini plus haut. Tandis que les autres espèces paraissent ne plus progresser, et que l'individu, n'y ayant plus d'évolution à servir, ne s'emploie désormais qu'à la multiplication, à la nourriture et à la défense des petits, l'espèce humaine, au contraire, se montre capable de dignité progressive. Elle est la seule qui ait encore à s'achever, à parfaire son mode de vie, son adaptation au milieu terrestre. Quelle immense distance entre les connaissances rudimentaires, les mœurs farouches, les arts grossiers des sauvages et la civilisation des plus grands peuples de la terre ! Or en quoi consiste la dignité de ces sociétés florissantes qui représentent le type actuellement le plus élevé de notre espèce ? A préparer et faire avancer la solution très laborieuse, mais de plus en plus approchée, du problème suivant : permettre à l'humanité d'accomplir toute sa destinée, c'est-à-dire de conformer sa vie à toutes les indications de son essence. Ce problème se ramène à celui-ci : introduire dans les relations des hommes entre eux la justice et le désintéressement requis pour que les aptitudes de chacun se développent et s'exercent sans rencontrer d'autre obstacle à leur expansion que leur propre respect pour celles des aptitudes d'autrui, et pour que leur rencontre avec celles-ci n'engendre qu'une émulation ou une collaboration également avantageuse de part et d'autre.

Réduit à sa formule purement politique, le problème est d'assurer à chacun, par le moindre sacrifice possible de sa liberté, le plus possible de sa liberté même. Si, d'une part, cette assurance est indispensable à la prospérité de l'individu, à l'épanouissement de son essence, d'autre part elle lui coûte une concession en échange de celle qu'il obtient d'autrui. Cette concession suppose le renoncement aux acquisitions violentes, le partage volontaire, l'équité, c'est-à-dire une vertu. Les tribunaux et la force publique ont pour but d'y suppléer quand elle manque. Cette vertu, qui exige la modération, le refrénement des appétits aveugles, est une victoire sur l'égoïsme et c'est par là qu'elle est sociale. Elle suppose la sympathie, cette fonction psychique, plus intimement sociale encore, par laquelle les états sensibles des autres retentissent dans notre propre sensibilité, ce qui nous permet de nous mettre à leur place, condition nécessaire pour être justes à leur égard.

Je ne pousserai pas plus loin cette analyse; la présente étude n'est pas un traité de sociologie. Il suffit à mon objet d'avoir mis en relief le caractère éthique de l'espèce humaine. C'est un troupeau perfectible par la nature même des liens qui le forment. Il leur emprunte toute sa dignité, car ces liens tendent à devenir une subordination volontaire, contractuelle, de l'intérêt privé à l'intérêt public. Sans doute, le premier n'en est finalement que mieux servi, puisqu'il est impliqué dans le second et que la société ne peut pas prospérer sans que les associés y gagnent, mais il faut que chacun d'eux renonce à une part de son intérêt propre *avant* de la recouvrer plus large au fond de l'intérêt commun; et sans être sûr que lui individuellement il la recouvrera, il faut qu'il *sacrifie avant de bénéficier*. Il y a donc privation d'abord, et c'est dans cette privation préalable et acceptée que consiste le désintéressement; l'action désintéressée est une trajectoire circulaire qui commence par s'éloigner de son origine : le *moi*, et n'y revient qu'après avoir compris autrui dans son parcours.

L'action est parfaitement désintéressée si elle est accompagnée de l'idée que le circuit ne se fermera pas, ne rejoindra jamais son origine. Mais une telle action est-elle possible ? Je n'en ose pas nier l'existence par piété pour les héros qui, dans la mort, n'espéraient aucune récompense, — ni des dieux, ni des hommes ; mais de peur de leur refuser jusqu'au pur sourire de leur conscience, je n'ose non plus l'affirmer.

Je sens que je vaux davantage, que je gagne en dignité à mesure que je suis plus désintéressé, que je sacrifie davantage mon égoïsme à ce qui me paraît être le bien d'autrui. Mais qu'est-ce que le bien d'autrui ? Si je regarde la dignité comme le véritable et unique bien de l'homme, j'en conclurai que je dois me consacrer à donner aux autres des leçons de désintéressement, à les induire par l'exemple et le conseil au sacrifice d'eux-mêmes. Cette conséquence mène loin : la morale chrétienne, qui invite au mépris de toutes les jouissances terrestres pour sauver l'âme et fait du renoncement, du dépouillement de soi, sinon la félicité même, du moins la condition d'un paradis futur, entraîne les volontés sur une pareille pente vers l'entier oubli de toute possession sur la terre. Le désintéressement général, en effet, n'aurait pas pour simple résultat une circulation perpétuelle des richesses de tout genre, car ce serait là, pour chacun, non pas réellement un sacrifice, mais un continuel échange. Ce serait, en outre, rendre un mauvais service à son semblable que de lui apporter avec des richesses gratuites la tentation d'en jouir au lieu de s'en priver aussitôt lui-même et de mériter en les passant à un autre, qu'il exposerait du reste au même péril. L'idéal de la dignité par le sacrifice dans la société humaine se résoudrait en un dénuement général entretenu par l'exemple et l'exhortation de chacun; l'idéal de la cité serait donc une immense communauté de trappistes, où la chasteté triomphante abolirait bientôt l'espèce. Est-ce possible? Non, à coup sûr, et cette extrême conséquence de l'abnégation n'est pas à craindre. En tant qu'il demeure conforme à l'essence de notre espèce, le désintéressement ne fait que modifier, pour l'équilibrer, la répartition des richesses matérielles et morales entre les individus qui la représentent. Si je me prive de ce que j'aime dans l'intérêt d'autrui, c'est pour que tel de mes semblables ou tous mes concitoyens en jouissent à ma place. La dignité est donc compatible avec des plaisirs et des joies autres que les satisfactions de la conscience. Quelle que soit la source de notre bonheur, la seule condition que lui impose notre dignité, c'est de ne pas nous faire descendre du rang conquis par nos plus lointains ancêtres dans la hiérarchie des vivants et par tous les autres dans la société humaine. Elle ne nous interdit nullement de savourer les fruits longtemps amassés de ces conquêtes successives, à la condition d'en augmenter le nombre et d'en améliorer la qualité par notre propre effort ajouté à ceux des générations précédentes.

Ainsi l'effort, c'est-à-dire l'acte libre et laborieux à la fois, m'apparaît comme le commun père de la dignité et du bonheur, inconciliables d'abord pendant la lutte, puisque l'une ne s'acquiert qu'aux dépens de l'autre, mais réunis enfin pour composer une double récompense à la victoire.

J'entrevois ici la conjonction de l'éthique et de l'esthétique, leur connexion, peut-être même leur identité fondamentale, mais cette question dépasse infiniment la portée de mon intelligence. Je ne saurais la traiter scientifiquement, pas plus que je n'ai apporté de méthode exacte dans ma précédente spéculation sur la morale. J'ai tâché de tirer du monde accidentel les raisons que j'ai, ou plutôt que l'inconnaissable a en moi, de qualifier différemment mes actions, les raisons que j'ai de les juger, de m'en savoir gré ou de m'en repentir; mais que j'aie réussi ou échoué dans cette tentative, peu importe à ma conscience morale : ses décrets ne sont pas revisés par mes élucubrations. C'est une sorte de poétique lumière que mes vœux proposent à mon entendement; cette clarté risque de ressembler au jour filtré par les vitraux. Je n'y attache qu'une importance secondaire, et je n'en attache pas d'autre aux inductions qui vont suivre. J'ajoute seulement qu'elles n'ont pas plus que les précédentes à redouter la critique des savants et que peut-être aussi devront-elles à leur source naturelle une pente vers la vérité.

Il y a dans l'Inconnaissable, dans l'être, une activité, quelle qu'en soit la nature, qui se traduit par du mouvement dans le monde accidentel objectif, et tout mouvement dans celui-ci, quand il affecte nos sens, se traduit dans le monde phénoménal par une *forme.* Or il existe nécessairement dans la forme quelque chose du mouvement qui la détermine, puisqu'elle est en communication et, par suite, a quelque chose de commun avec ce mouvement. On peut dire que, à ce titre, la forme, dans une certaine mesure, exprime sa cause accidentelle du dehors, et, en outre, par l'intermédiaire de celle-ci, l'activité de l'être même.

Cette analyse, très simple, paraît tout d'abord ouvrir à notre curiosité un vaste et profond horizon, car on est tenté d'en conclure que le monde phénoménal est, en quelque sorte, la physionomie de l'être. On pourrait donc lire sur cette physionomie, comme sur un visage humain, d'abord ce qui se passe dans le monde accidentel objectif puis, au delà, ce qui, dans l'être, le détermine.

Supposons donc un moment qu'il en soit ainsi. L'évolution des formes définies, des espèces, dans le champ de notre sensibilité multiple, tactile, visuelle, auditive, etc., dans le monde phénoménal, exprimera donc pour nous l'évolution du monde accidentel objectif et la vie intime de l'être, d'où il procède, de même que, par exemple, l'allure, la direction, le geste, toute la physionomie d'un corps humain exprime jusqu'à un certain point pour nous l'émotion, le penchant, le dessein qui le meuvent. Ainsi, le monde phénoménal sera, d'une part, l'expression, la révélation esthétique du *processus* accidentel, lequel, d'autre part, exprimera l'éthique de l'être. Le beau parmi les formes sera celle qui exprime le bien, et comme le premier n'exprimera le second que par les caractères communs aux deux, leur identité fondamentale sera établie. Le beau n'est pas la forme sensible quelle qu'elle soit, non plus que le bien n'est l'action quelconque. C'est ici que le concept de l'évolution prend toute son importance, car il entre dans celui du bien. Il faut admettre une évolution progressive, impliquée dans l'évolution universelle; j'entends par *progressive,* de plus en plus créatrice de vie. Il semble, en effet, que l'univers soit un immense atelier de statuaire, jonché d'ébauches au milieu desquelles se dressent des figures en voie d'achèvement et d'autres accomplies. Je me sers de comparaisons, parce que je me reconnais incapable de définir ce que je sens; je me sens vivre, et je ne saurais pas dire ce que c'est que la vie. Je serais bien embarrassé de définir exactement la supériorité du règne animal sur le règne végétal et celle de ce dernier sur le règne minéral, car je n'entends pas ici par supériorité simplement l'avantage d'un organisme sur un autre au point de vue du plus efficace exercice des fonctions et de la multiplicité des relations avec le milieu; il s'agit, pour moi, d'une valeur qui échappe aux descriptions des naturalistes, mais sur laquelle le pauvre qui partage sa bourse, le soldat au feu, le plus humble matelot qui cargue une voile dans la tempête ne se méprennent pas. Cela suffit à mon objet; j'indique suffisamment l'espèce d'évolution que je vise. C'est celle-là seule qui, dans mon hypothèse provisoire, engendre à la fois le bien et le beau, l'évolution de l'activité qui s'affranchit de plus en plus, et, de plus en plus libre et responsable, devient, en proportion, capable d'effort et digne. Ce progrès laborieux tend à la conciliation de la dignité conquise par le sacrifice du bonheur avec le bonheur retrouvé dans les fruits du sacrifice même. Par là l'histoire du monde accidentel ressemblerait à quelque représentation dramatique, où, après de longues fiançailles troublées par mille épreuves, le rideau tombe sur le mariage désiré.

Cette hypothèse, assurément, tient beaucoup plus du rêve que de la réalité; mais s'il était possible de la rectifier et d'en retenir quelque partie essentielle et vraisemblable, elle n'aurait pas été stérile. Je vais, dans cet espoir, la critiquer rapidement.

Tout d'abord il s'en faut bien que le monde

phénoménal soit, à proprement parler, la physionomie du monde accidentel et par ce dernier celle du principe actif métaphysique. Pour obtenir quelque notion exacte du monde accidentel au moyen du monde phénoménal, il faut, nous le savons, éliminer de celui-ci tous ses éléments subjectifs, de sorte qu'il n'ait plus de commun avec le premier que des rapports; en d'autres termes, nous ne communiquons pas mieux avec l'un au moyen de sa représentation par l'autre que nous ne le faisons au moyen des notions scientifiques. Quand, par exemple, je contemple le ciel, je m'abuserais en prêtant à ce qui fait naître en moi la sensation de l'azur les qualités subjectivement exprimées par cette couleur délicieuse; car ce sont tout simplement, d'après les plus récentes recherches sur ce phénomène, les poussières de l'atmosphère qui colorent en bleu le firmament, qui peignent aussi l'admirable décor des couchers de soleil. Ainsi nos perceptions sensibles nous illusionnent. Nous ne percevons immédiatement le monde extérieur que par le sens du toucher; les résistances qu'opposent les corps à nos efforts musculaires ne peuvent en équilibrer les effets mécaniques que par des effets égaux et de même nature. Je dis les *effets mécaniques*, car il se peut que les deux agents en présence diffèrent par tout le reste. Mais encore faut-il avoir acquis une certaine expérience pour le présumer, pour ne pas attribuer à l'agent extérieur toutes les qualités de la force humaine qui l'équilibre; les perceptions tactiles peuvent donc nous tromper comme les autres sur leur cause extérieure. Si j'agis sur un ressort, je sens une résistance qui détermine au point où je la rencontre des effets de même espèce que les effets déterminés par mon effort. Il y a déplacement de ce point tantôt dans un sens, tantôt en sens contraire, suivant que je vaincs la résistance ou que j'y cède; mais, dans les deux cas, l'effet produit n'est que du déplacement. Comme il est naturel de conclure de la similitude des effets à celle des causes et que j'ai conscience de mon action, je serais spontanément porté à y assimiler la résistance, et c'est ce que je faisais dans mon enfance. Je battais les objets qui me résistaient. J'ai reconnu plus tard des différences essentielles entre ce qui agit en moi sur un ressort : à savoir une volition dynamique, un effort, et ce qui agit dans le ressort sur moi. Il faut néanmoins qu'il y ait quelque rapport entre ces deux activités, car elles ne se rencontreraient pas si elles n'avaient rien de commun dans l'espace. Ce qu'elles y ont de commun, c'est ce que j'ai appelé *mécanique,* la force musculaire, d'une part, et la force élastique, d'autre part, ou plus exactement (car chacun de ces mots empruntés au vocabulaire de la science positive est un puits de métaphysique) c'est la condition suffisante la plus prochaine, *la cause immédiate* du déplacement que subit le point de rencontre de mon action et de la résistance. Cette cause immédiate est mon effort, abstraction faite de son facteur psychique, humain; ce qu'il en reste alors est de même nature que la résistance mécanique du ressort. L'activité psychique impliquée dans l'effort en rend les effets expressifs : le mouvement qui en naît se rythme sur le mouvement de l'âme, sur l'émotion; c'est pourquoi l'enfant, qui voit s'agiter un objet quelconque, se sent autorisé à considérer cette agitation comme passionnelle et volontaire.

Ainsi le monde phénoménal est bien, comme je l'ai dit précédemment, un masque posé par notre sensibilité sur le monde accidentel objectif. Tout dans ce masque nous leurre, sauf les rapports qui existent entre les points de contact de ce masque avec le monde extérieur. Mais cette triangulation purement tactile est toute scientifique; le reste est, à proprement parler, un mirage dont l'expression est toute subjective : cette expression, en effet, ne consiste que dans une identité de caractère entre notre sensibilité physique et notre sensibilité morale sans que ces caractères aient rien de commun avec les objets extérieurs, rien d'objectif en un mot.

Un mirage! Le beau ne serait-il donc rien de plus? Je ne me résigne pas à l'admettre, parce que je le sens révélateur de cet élan progressif que j'ai signalé plus haut, de cette ascension douloureuse, dissimulée par des déclins, des soubresauts et des reculs, mais prédominante, au milieu du chaos en travail, dans l'évolution universelle.

Que l'azur céleste, objet de ma contemplation extatique, soit seulement un état de moi-même, causé par de la poussière décomposant au passage le mouvement ondulatoire d'un milieu matériel qui échappe à la balance, j'en éprouve, certes, une surprise affligeante pour mon imagination; mais c'est une déception brève qu'un peu de réflexion console et rachète. Je laisse de côté le plaisir, d'origine tout intellectuelle, que m'a procuré cette ingénieuse théorie appuyée d'expériences probantes; je ne veux considérer que le premier sentiment de tristesse dont m'affecte le mensonge de mes sens. Je crois apercevoir des raisons de le secouer, car ce mensonge est lui-même illusoire. La poussière n'est que la cause prochaine du phénomène que j'appelle l'azur céleste et, en outre, ce n'est pas à elle que je dois le charme de cet état de moi-même. Ma joie en présence d'un ciel matinal de mai, cette joie sereine, immense et légère comme ce pavillon même, prend plus loin son origine. J'ai reçu une prédisposition à la ressentir; elle est la résultante de composantes innombrables dont le système, constituant tout mon organisme physique et psychique, est extrêmement complexe. Ce système n'est pas mon œuvre, mais celle de l'Inconnaissable, car c'est de lui que procède tout le monde accidentel (objectif et phénoménal). Sans la poussière, il est vrai, je n'aurais pas eu cette joie; mais sans l'être métaphysique, j'en aurais été privé par un déni plus radical; c'est lui, en effet, qui en a établi les conditions initiales. De lui dérive l'action de la poussière sur l'éther qui la rend lumineuse; ma rétine, mon regard et mon cœur viennent de lui également. Je reconnais donc, tout au fond de ma joie, la marque du plus haut principe d'où elle émane, l'expression à la fois très vague et très efficace de je ne sais quoi d'infini qui me sollicite et m'autorise à l'appeler *céleste* en spiritualisant le sens primitivement cosmologique de cette épithète. J'éprouve par cette joie une sorte d'élan expansif comme un déploiement d'ailes, et, certes, je communie alors avec l'essor universel; en un mot, j'*aspire*.

Telle est donc l'étonnante vertu de ce bleu qui existait en moi à l'état virtuel et dont soudain s'est illuminé pour moi l'avenir grâce à une poussière noyée par le vent dans une mer aux impalpables vagues.

Or il en est ainsi de toutes mes autres perceptions agréables, parfums suaves, accords mélodieux, lignes harmonieuses. Si leur expression n'est pas toute directement objective, en ce sens que leurs causes immédiates au dehors, c'est-à-dire les impressions qui les déterminent, lesquelles sont purement mécaniques, ne participent pas de toutes leurs qualités, du moins aux sentiments qu'elles expriment correspondent des objets situés hors du *moi*, sans définitions, sans noms, et pourtant plus désirables que tous les objets ambiants à la portée de la main. On ne les désire pas à la façon des autres biens, dont l'image, présente à la pensée, invite instamment à la possession; on ne peut que les souhaiter de très loin, ou plutôt y rêver, car ils demeurent indéterminés et d'un accès indéfiniment différé. Pourtant ils ne sont pas chimériques, illusoires, car tout le développement progressif du monde accidentel offre l'exemple de merveilles longtemps promises par l'évolution, longtemps inabordables aux vivants encore insuffisamment organisés pour en jouir, mais en voie de s'y adapter. La rose existait virtuellement pour les sens de la vue et de l'odorat qui, avant peut-être la formation définitive de son espèce, s'essayaient, dans les animaux inférieurs, à en jouir et à l'admirer un jour par le nerf optique et le nerf olfactif, plus sensibles, de l'homme et par ses aptitudes psychiques plus affinées.

La différenciation évolutive, lente, mais constante, et de plus en plus accentuée des organes chez les vivants terrestres, et spécialement des organes de relation, semble bien résulter d'une sorte de poussée rayonnante et foisonnante des aptitudes vitales vers la possession du milieu où elles s'organisent. Le terme de cette possession progressive demeure ignoré, mais toute la vie terrestre y tend visiblement. Pour moi, une forme m'apparaît belle, je l'appelle ainsi, quand elle est assez agréable pour déterminer par sa puissance expressive, dans ma sensibilité passionnelle, dans mon cœur, un délice, de genre différent, mais ayant toutefois des rapports suffisants avec celui de la sensation pour en recevoir une excitation qui l'éveille. Cette joie délicieuse a tous les caractères de l'aspiration, car elle est grave, et, chose remarquable, elle l'est d'autant plus qu'elle me *ravit* davantage, au point de devenir mélancolique et même poignante, comme est le charme de certaine composition musicale, lorsqu'elle me suggère des rêves paradisiaques. Je m'explique parfaitement ce caractère étrange, contradictoire en apparence, si j'identifie mon ravissement à l'aspiration, car alors je ne saurais jouir sans mélange d'un objet entrevu, mais inaccessible. Je n'y comprends plus rien, au contraire, si je méconnais ce que j'y sens; mais je ne peux m'y tromper. Ah! certes, j'aspire quand j'admire, et ce que j'admire, c'est l'Inconnaissable imprimant à la forme les caractères de l'essor dont il anime tout le monde accidentel, et m'invitant à monter aussi.

Je confesse que cette conception du beau, introduite dans les arts présents, y ferait des ravages effrayants, et je me hâte d'ajouter que je ne suis pas assez fou pour prétendre la leur imposer, ni assez oublieux des arts passés pour ignorer que d'admirables œuvres sont complètement étrangères à un pareil idéal. Dégager d'un modèle, dont l'expression est même horrible, les caractères essentiels, typiques de cette expression, et la représenter par des combinaisons savamment exquises de sensations visuelles ou auditives, créer ainsi un contraste surprenant entre la qualité purement agréable des sensations de couleur ou de son et la propriété expressive de leurs rapprochements, tout cela suppose un génie que je salue.

Mais, si tant est qu'on puisse instituer une hiérarchie dans la classification des œuvres d'art, je réclame le premier rang pour celles qui doivent leur beauté d'abord aux qualités indispensables de l'artiste, à la justesse du regard, au discernement des caractères dominants dans le modèle et à l'habileté de l'exécution, mais aussi à la beauté du modèle même, choisi par l'âme autant que par les yeux.

Enfin, dans l'hypothèse que j'indique, les formes ne devenant belles qu'autant qu'elles expriment, au degré que requiert leur contenu, la tendance de l'univers à sortir du chaos pour se donner des lois, en d'autres termes, l'institution de l'ordre par l'effort de son activité interne, le principe du beau réside en cette aspiration; il est donc logiquement antérieur à la forme même, sous le nom de *Bien*, et c'est pourquoi il existe une beauté morale, tout intentionnelle, qui n'emprunte rien aux images fournies par les sens. La conscience morale nous oblige, comme une poussée de bas en haut, vers cette beauté-là; nous pouvons y résister, en rebrousser la direction, mais alors nous nous sentons descendre.

Tout cet édifice de conjectures, qui me séduit par son harmonie, est, je le répète, d'ordre poétique. Le lecteur peut le modifier à son gré, le renverser même, sans ébranler en rien la colonne que la nature et l'expérience de mes innombrables aïeux ont dressée au fond de ma conscience et sur laquelle je lis, gravées, les règles dictées à ma conduite par l'intérêt supérieur de mon espèce, quel qu'il soit.

Au surplus, je n'ai pas l'ambition présomptueuse de satisfaire la curiosité par la raison sur des problèmes qui, à mon avis, passent la portée de l'esprit humain, dans une étude dont l'objet spécial est précisément de tâter la borne du savoir. Ces dernières pages n'ont eu pour but que de ressaisir, parmi l'effondrement des constructions transcendantes, ce que j'entends ne jamais sacrifier de ma foi dans les suggestions profondes que je dois à l'Inconnaissable même, ni de mes espérances dans sa communication, si lointaine qu'elle puisse être, avec l'humanité.

Sur l'Origine
de
la Vie Terrestre

Sur l'Origine de la Vie Terrestre*

I

L'Univers change d'état sans cesse; ce qu'il est à un moment quelconque de sa variation totale est déterminé par ce qu'il était au moment précédent et détermine ce qu'il sera au suivant. Le développement perpétuel des accidents qu'il implique, de son contenu phénoménal, en un mot son devenir est ce qu'on nomme l'*évolution*. Que l'évolution soit progressive, dans l'acception morale de ce mot, c'est une

---

* Cette étude a paru dans le numéro de Juillet 1893 de la *Revue de Métaphysique et de Morale*.

question que nous ne nous proposons pas de traiter ici; nous considérerons seulement la vie dans son origine.

L'homme ne peut étudier l'évolution que dans le champ limité de ses perceptions, dans ce qu'atteignent ses sens, spécialement dans les phénomènes terrestres. La géologie, appuyée sur la théorie du système solaire de Laplace, admet que notre globe est un fragment de la masse centrale du système, un fragment de soleil, qui en se refroidissant peu à peu s'est recouvert d'une croûte solide après avoir pris la forme sphéroïdale aplatie aux pôles en subissant l'action du soleil et celle de la force centrifuge par sa rotation autour de celui-ci. Dans cette théorie, la terre serait encore à l'état incandescent et liquide sous son écorce solide. Mais alors se présente une difficulté bien embarrassante quand on cherche à expliquer l'apparition de la vie sur la terre. Avant d'aborder cette difficulté il importe de préciser ce que signifie ce mot *vie*.

La notion la plus naïve, la plus rudimentaire de la vie est toute faite d'anthropomorphisme; les enfants la puisent dans leur propre conscience. Ils prêtent spontanément la vie à toute forme dont l'expression ressemble de près ou de loin à la physionomie humaine, ou qui leur semble soit se mouvoir comme eux-mêmes par une activité propre, autonome, par une volonté, soit donner quelque signe de sensibilité. Ils considèrent comme vivant tout ce qui leur paraît apte à sentir, penser et agir volontairement. Si le sommeil, même le plus profond, comporte encore à leurs yeux la vie, c'est qu'ils ont constaté, par le réveil qui suit en eux le sommeil, que celui-ci comporte cette triple aptitude à l'état latent. Mais il n'est pas indispensable que ces trois caractères de la vie humaine soient réunis dans un être pour que les enfants lui attribuent la vie. L'expérience, en effet, leur enseigne bientôt que beaucoup de mouvements, tels que ceux du feuillage, des nuages, des machines, qui ont pu d'abord leur paraître autonomes, sont seulement communiqués, ne sauraient être volontaires et par là témoigner la vie. Ils s'habituent ainsi à ne plus l'attribuer à tout ce qui se déplace, et comme d'ailleurs ils se sentent vivre indépendamment de toute locomotion, la vie leur semble compatible avec l'immobilité dans l'espace. Pour peu qu'un rocher ait une apparence de visage, on leur persuadera très aisément qu'il vit et que même il est un dieu. On pourra même ne lui prêter que l'aptitude à sentir et lui refuser toute activité interne sans pour cela l'empêcher de passer pour vivant dans leur imagination; de sorte que, en dernière analyse, il suffit qu'une forme soit censée contenir un principe conscient, à quelque degré que ce soit, pour qu'ils la regardent comme vivante.

Parmi les états de conscience c'est la sensation, et spécialement la sensation douloureuse, qui, manifestée dans une forme, est pour eux le plus patent caractère de la vie. Comme, d'ailleurs, ils ne devinent la douleur que par la réaction visible et soudaine de l'objet contre l'impression qu'il subit, ils n'accordent pas la vie aux plantes, ils la circonscrivent dans le règne animal, d'autant que la physionomie du végétal n'a rien de commun avec celle de l'homme. Ainsi pour l'intelligence novice la vie est caractérisée par le phénomène de conscience; c'en est donc le dernier stade qui en fournit la première notion.

Mais à mesure que, par l'observation et l'étude, le discernement s'aiguise et la compréhension s'étend, le point de vue se déplace et le sens du mot vie se scinde et s'élargit à la fois. La vie purement physiologique, caractérisée par un mécanisme inconscient assurant la réparation des matériaux dont est composé l'individu, son développement selon un certain type et sa reproduction, est alors distinguée de la vie spirituelle, soumise, elle aussi, aux lois de l'hérédité et à une évolution (parallèle à celle du corps). Tous les savants s'accordent pour reconnaître aux phénomènes de conscience, sensations, idées, volitions, passions, un caractère irréductible aux propriétés définies par les sciences dites naturelles (mécanique, physique, chimie, physiologie, etc.).

Ce caractère spécifie la vie spirituelle, mais il laisse entière la question métaphysique du lien de la physiologie avec la psychologie. La vie spirituelle n'est-elle qu'une résultante des actions physiologiques dont la matière est le substratum, ou relève-t-elle d'un principe propre, distinct quoique dépendant de ce substratum? C'est ce que les savants, attachés à la méthode expérimentale, ne se proposent pas de décider. Ils se bornent à constater les relations phénoménales de ces deux sortes de vie, sans en considérer le rapport substantiel.

Les sciences naturelles pourront arriver à déterminer les conditions matérielles des phénomènes de conscience; on peut espérer qu'un jour une connaissance beaucoup plus avancée du système nerveux, des cellules cérébrales et de leurs relations permettra d'expliquer tout le conditionnement physiologique de ces phénomènes et peut-être même de les provoquer à coup sûr, mais actuellement un immense travail préparatoire s'impose encore aux savants pour y réussir. Ils se préoccupent d'abord, en tant que physiologistes, de rechercher quelles sont les lois d'une vie inférieure mais visiblement liée à la vie spirituelle et qui la conditionne.

Cette vie inférieure, dont l'organisme corporel est le siège, a, comme celle-ci, son plus haut type dans l'homme, mais elle se prolonge en arrière en se simplifiant de plus en plus, en deçà même du règne animal, car les points de contact entre la physiologie animale et la physiologie végétale vont se multipliant tous les jours depuis les découvertes de Claude Bernard et les révélations dues au microscope. Dans le milieu terrestre, la vie spirituelle est toujours conditionnée par la vie organique et ne s'en sépare jamais; celle-ci, au contraire, dans toute une série d'organismes (la série animale), à mesure que les formes se simplifient, semble devenir plus indépendante de celle-là, depuis l'homme jusqu'à l'espèce la plus inférieure où l'animal ne se distingue plus du végétal. A partir de ces types ambigus diverge et s'élève, en compliquant ses formes, parallèlement à la série animale, une autre série d'organismes (la série végétale) où la vie organique apparaît complètement isolée de la vie spirituelle, faute de système nerveux. Le développement des formes selon des types hérités, la nutrition et la reproduction sont seules communes aux deux séries. Toute une composante, la plus haute, de la vie intégrale (psycho-physiologique), à savoir l'aptitude à la conscience, demeure sans manifestation dans la série végétale.

En somme, d'innombrables édifices moléculaires, de formes définies et très variées (organismes végétaux et animaux), offrent à l'observation soit externe et directe, soit interne (sens intime) étendue par analogie, des phénomènes dont la coordination et les lois constituent un système de caractères spéciaux. Ces caractères recensés plus haut (nutrition, reproduction, conscience, etc.) se partagent en deux groupes (le physiologique et le psychique) irréductibles aux propriétés physico-chimiques, et susceptibles de se manifester soit concurremment (chez les animaux supérieurs), soit, du moins en apparence, à l'exclusion du second (chez les animaux inférieurs et les végétaux).

De ce que lesdits caractères spéciaux sont systématisés, d'abord dans chacun de leurs deux groupes distincts, puis par la connexité de ceux-ci chez les animaux supérieurs, on induit qu'un principe d'unité, d'une nature quelconque, les synthétise à divers degrés. En langage métaphysique ils sont des attributs constituant, ou bien une essence végétale, ou bien une essence animale supérieure, selon que certains seulement d'entre eux ou tous ensemble coexistent indivisément. Mais l'essence exprime la constitution de l'être, rien de plus; c'est l'être même qui fournit le principe de l'unité essentielle. Quel est ce principe? Nous arrêtons là ces considérations préliminaires; elles ne doivent pas entreprendre sur notre examen subséquent des données positives de la science expérimentale.

Nous appellerons la *vie** l'ensemble des phé-

---

* Beaucoup de savants repoussent toute distinction radicale, essentielle entre les manifestations désignées par le mot *vie* et les phénomènes physico-chimiques. Pour que le lecteur ne soit pas tout d'abord arrêté par cette opinion, nous croyons utile d'y opposer l'opinion contraire d'autres savants, par exemple, d'un naturaliste très autorisé, M. C. de Candolle, de Genève. Dans un article publié par la *Revue scientifique* du 14 septembre 1895, M. de Candolle étudie la vie latente des graines. Ce qui sera vrai de la vie des végétaux, dans la question qui nous occupe, le sera à plus forte raison de la vie supérieure chez les animaux. Or, dans cet article, où l'auteur rend compte

nomènes qui manifestent les caractères spéciaux signalés plus haut.

d'une expérience où il avait soustrait des graines à l'action de l'air en les maintenant dans un bain de mercure, nous lisons : « ... Cinq grains de blé ont tous germé, d'une manière parfaitement normale, après avoir été maintenus pendant trois mois à la profondeur d'environ cinq centimètres dans le mercure. » Et il conclut : « Au premier abord, ce retour à la vie ressemble à la reprise du mouvement par une machine au repos que l'on met en communication avec son moteur, comparaison qui a souvent été faite. Toutefois les phénomènes ne sont pas de même nature dans les deux cas, et les énergides dont l'ensemble constitue l'individu vivant ne sont pas des machines au sens ordinaire du mot. Une machine, en effet, travaille sans changer elle-même de structure, tandis que les *énergides* se segmentent après s'être accrues, et leurs segments fonctionnent à leur tour comme énergides. Cela tient à ce que les matières assimilées par le protoplasme vivant augmentent sa masse sans diminuer son énergie. Pour qu'il en soit ainsi, il faut évidemment que cette masse reçoive continuellement de nouvelles doses d'énergie, et celle-ci ne peut provenir que de deux sources, à savoir le milieu ambiant d'une part et les réactions qui se passent au sein du protoplasme lui-même d'autre part. Si la première, qui consiste surtout en radiations de diverses sortes, *est d'ordre purement physico-chimique, il ne saurait en être de même pour la seconde.* En effet la vie du protoplasme se manifeste par des mouvements qui sont combinés de façon à produire une orientation de ses parties selon certaines dispositions structurales se succédant dans un ordre déterminé : phénomène auquel les actions physico-chimiques ordinaires ne donnent jamais lieu. *On est donc forcément conduit à admettre l'existence d'une classe particulière de réactions dont les matières assimilées ne deviennent capables qu'après leur absorption dans ce milieu spécial, le protoplasme vivant et préexistant, dans lequel elles pénètrent.* »

II

Abordons maintenant le problème que soulève la théorie de Laplace quant à l'origine de la vie.

Aucun germe actuellement existant ne demeure vivant, capable de produire ni un animal ni une plante après avoir subi une température même très inférieure à la température probable de la terre sous son écorce solide, laquelle a dû passer par cette haute température avant d'atteindre en se refroidissant celle qu'elle a maintenant. Il faut donc concevoir dans l'évolution de la terre un moment où aucun germe de vie n'a pu résister à une telle chaleur, et, par suite, on est induit à y concevoir la vie comme ayant procédé du seul rapprochement de certains éléments minéraux. Il semble tout d'abord qu'on soit acculé à cette explication, et plus d'un savant s'y cantonne. La vie procéderait alors, non pas d'une donnée préexistant aux organismes pour les former, mais serait, au contraire, l'effet d'un arrangement spécial des atomes régis par les seules lois physiques et chimiques, arrangement qui constituerait tout le germe.

Mais cette conception du germe comme ne se composant que d'éléments physico-chimiques réunis et disposés d'une certaine manière ne semble pas, d'autre part, répondre aux données de l'observation et aux résultats de l'expérience. Les forces inhérentes aux corps physiquement et chimiquement définis tendent à l'équilibre dès que la combinaison des atomes de ces corps est accomplie, tandis que dans le corps appelé *germe* se révèle une action interne persistante, un principe d'évolution qui ne paraît pas entièrement réductible aux forces physico-chimiques. Il nous suffira de signaler la virtualité plastique, dont la manifestation extérieure, loin de s'expliquer tout entière par ces forces, est, au contraire, un changement apporté à leur direction pour les adapter à un plan prédéterminé. Le mouvement végétatif, par exemple, combat la pesanteur pour diriger avec persistance les atomes dans divers sens différents de celui qu'elle prescrit. A supposer même que ce progrès ascensionnel et expansif puisse en partie se ramener à des phénomènes physiques tels que l'osmose pour le mouvement de la sève, il s'en faut de beaucoup que la structure totale, la forme entière de la plante y trouve une explication suffisante. La figure d'une feuille ou d'une fleur est la réalisation d'un type impliqué dans la graine, et la force qui réalise ce type dans chaque plante paraît tout à fait distincte de celles qui constituent l'essence intime des minéraux. Claude Bernard n'a pas osé affirmer que la vie fût réductible entièrement à l'action des forces physiques et chimiques; il a formellement déclaré que les opérations chimiques du corps vivant se passent dans un creuset spécial. N'est-ce pas admettre que la vie a sa chimie propre? ce qui suppose que les atomes appropriés par le corps vivant le sont en vertu d'une affinité propre. Or une pareille affinité ne suppose-t-elle pas elle-même un principe spécial de la vie physiologique? Enfin, admît-on même que toute celle-ci pût s'expliquer par une composition des forces physico-chimiques, resterait à expliquer par ces forces le phénomène de la conscience, qui diffère essentiellement de l'action mécanique et caractérise au plus haut point la vie.

L'éminent et regretté géologue Edmond Fuchs, professeur à l'école des Mines, nous disait un jour que le problème de l'apparition de la vie sur la terre ne lui paraissait pas soluble par la méthode scientifique. Aussi faisait-il intervenir la création divine à ce moment de l'évolution de notre planète. Ses amis savent qu'il était foncièrement religieux, ce qui le prédisposait à admettre une solution transcendante au problème des origines, problème étranger d'ailleurs aux préoccupations de la science expérimentale où il excellait. Nous n'avons pu nous ranger à son opinion. Il est très vrai qu'aucun germe ne conserve sa vitalité à la température du centre de la terre; en effet, la structure du germe est alors abolie. Mais comme nous ne savons rien du principe de la vie, nous ne pouvons affirmer que ce principe n'existait pas avant d'être impliqué dans aucun organisme et n'était pas, alors, soustrait à l'action de la chaleur. N'a-t-il pu exister dès l'origine de notre globe concurremment avec les atomes régis par les forces physiques et chimiques et ne s'être engagé dans la matière pesante, représentée par ces atomes, que quand celle-ci, suffisamment refroidie, a été en état de prendre une structure, une forme organique, c'est-à-dire de lui prêter une forme apte à lui servir d'organes de relations avec les divers éléments terrestres?

Cette hypothèse soulève une objection radicale qu'il importe avant tout de détruire. Elle suppose, dira-t-on, une force, un principe d'action séparable de la matière, capable d'exister sans relation avec celle-ci. Or cette indépendance est contraire aux notions fondamentales de la mécanique; ni la physique ni la chimie n'en fournissent d'exemples; la physiologie n'a jamais constaté l'existence d'une activité vitale quelconque hors de tout organisme corporel; la psychologie même, tant qu'elle se borne à l'observation positive des événements moraux par la conscience, n'a jamais surpris un fait d'ordre spirituel qui pût être dit indépendant de toutes conditions cérébrales. Ce qui sent, pense et veut dans l'homme ne s'est jamais révélé, sous le contrôle de la méthode scientifique, sans connexion avec le système nerveux. Rien n'autorise donc le philosophe à considérer le principe de la vie, quel qu'il puisse être, comme séparable, comme ayant été effectivement séparé de tout substratum matériel.

On répondra que, sans doute, dans aucune science expérimentale, aucun principe d'action, de quelque nature qu'on le suppose et quelque nom qu'on lui donne : pesanteur, affinité, force musculaire, esprit, etc., ne s'est manifesté autrement qu'associé à la matière, à ce qu'il y a de plus essentiellement et irréductiblement matériel, c'est-à-dire à ce qu'on nomme la masse, en mécanique. Cette association apparaît comme immédiate et indissoluble en physique et en chimie : pour la pesanteur et l'affinité, par exemple. Mais elle se révèle moins étroite, bien qu'ininterrompue, en physiologie, où le principe d'action qui régit le développement et le maintien de la forme typique de l'espèce dans l'individu s'associe, grâce à l'assimilation des matériaux alimentaires, sans discontinuité, mais par voie de substitution, à des molécules nouvelles empruntées du dehors. Cette espèce de force plastique demeure assurément toujours unie à quelque masse, mais non toujours à la même; il y a toujours deux termes accouplés, mais un des termes du couple varie sans cesse. Or dans cette union constamment dissoute et constamment reformée, le terme persistant, à savoir le principe d'action plastique, ne se montre plus lié au terme transitoire par la même nécessité qui rive la pesanteur ou l'affinité à la masse atomique. Il y a, en effet, successivement séparation et agrégation. Il n'est donc pas inadmissible *a priori* que l'indépendance réciproque ait pu préexister à l'union et persister aussi longtemps que celle-ci n'aurait pas été possible. En psychologie, le rapport que soutient le principe des phénomènes appelés sensations, perceptions, images, idées, souvenirs, volitions, etc., avec la masse de la cellule cérébrale nous échappe entièrement, car nous ne concevons en rien ce qu'il y a de commun entre le monde de la conscience et le monde de l'espace, bien que la communication de ces deux mondes soit indubitable, à moins d'admettre avec Leibnitz une harmonie préétablie entre eux. Ils sont sans aucun doute en mutuelle relation, mais d'ailleurs tellement différents que nous n'avons aucune raison de supposer leur lien plus étroit que le lien physiologique.

Notre hypothèse résiste donc, nous le croyons du moins, à l'objection préjudicielle que la science expérimentale paraît tout d'abord y susciter. Nous n'avons pas besoin, du reste, de supposer que, avant l'apparition des corps vivants, le principe de la vie fût sans aucune relation avec le monde matériel. Il nous suffit de pouvoir admettre que les seules relations que le premier était capable alors de soutenir avec le second, excluant toute organisation, même la plus élémentaire, ne permettaient pas à la vie de se manifester. C'est ce que nous aurons à examiner de plus près.

Les expressions *principe vital, force vitale,* sont surannées et très discréditées dans la science, parce qu'elles ont été créées avant que l'existence de leur objet eût été rigoureusement démontrée. Elles mettent les savants en défiance, parce qu'elles leur rappellent les entités tout artificielles qu'on imaginait avant Bacon, qu'imaginent encore les adeptes du spiritisme pour expliquer les phénomènes, et qui n'expliquent rien. Cependant, les savants ne se refusent pas à admettre la découverte d'un nouveau corps, simple ou composé, en chimie, c'est-à-dire d'une entité chimique qui se distingue de toutes les autres entités par des caractères propres, irréductibles. Pourquoi n'admettraient-ils pas, au même titre, l'existence d'un principe de vie distinct, si la vie réunit des caractères également propres, irréductibles ?

Ce principe est sans aucun doute d'une nature plus complexe que les forces physico-chimiques. D'une part il constitue une force, au même titre, dans le sens mécanique du mot, en tant qu'il est capable d'agir dans l'espace et sur la masse matérielle soit en déterminant l'évolution des formes organiques, soit en opérant les contractions et les détentes musculaires; d'autre part il échappe à tout classement dans les forces mécaniques en tant que son champ d'action psychique n'a aucune commune mesure avec l'étendue, encore que son activité psychique soit conditionnée par celle-ci et en rapport constant avec les forces physico-chimiques.

Notre tentative d'expliquer par la préexistence du principe, quel qu'il soit, de la vie l'apparition de celle-ci sur la terre, ne saurait être qu'une hypothèse, car l'observation directe ne saurait atteindre des phénomènes qui se sont passés il y a des millions d'années.

Malheureusement les hypothèses de ce genre manquent de la sanction qui donne du crédit aux autres hypothèses scientifiques; elles sont impossibles à vérifier par l'expérience, parce qu'elles sont purement historiques et n'intéressent que les phénomènes passés. Quand, au contraire, les hypothèses concernent des phénomènes toujours renouvelables ou constants comme ceux de la lumière, par exemple, on peut les vérifier en instituant des expériences, en créant les conditions qui, d'après ces hypothèses, doivent déterminer les phénomènes et constater si, en effet, elles les déterminent. Nous sommes bien loin de pouvoir démontrer avec la même certitude la vérité de la nôtre, et nous ne revendiquons pour elle que la probabilité à un degré satisfaisant.

III

Les travaux de Pasteur ont renversé l'hypothèse de la génération spontanée, soutenue autrefois par F.-A. Pouchet, et ont prouvé que toute manifestation présente de la vie sur la terre présuppose l'existence d'un germe, d'un organisme élémentaire (végétal ou animal) où elle a pris naissance. Mais si la génération spontanée est impossible sur la terre, comment et d'où les germes y sont-ils venus ?

Comme nous nous proposons d'expliquer l'évolution des êtres par la méthode scientifique, ce n'est qu'à la dernière extrémité que nous devons admettre une action surnaturelle intervenant spécialement pour créer les germes de toutes les espèces terrestres. Il n'y a jamais eu de génération spontanée en ce sens que jamais un groupement spontané d'atomes *antérieur à la vie* n'a déterminé celle-ci à l'existence. Nous pensons que c'est, au contraire, le principe de la vie, quel qu'il puisse être, qui a déterminé certains groupements d'atomes pour en faire les instruments, les organes de ses manifestations terrestres. Pasteur a donc raison de ne pas admettre la création de la vie par la formation spontanée, c'est-à-dire fortuite, de la cellule organique. Il a bien fallu pourtant qu'il y eût formation initiale de cellule organique; seulement cette formation, loin d'avoir été fortuite et d'avoir déterminé la vie, a, croyons-nous, été déterminée par le principe même de la vie. Pouchet, de son côté, avait raison d'admettre la possibilité d'une cellule organique initiale, ne dérivant pas d'une cellule antérieure; mais, s'il croyait que cette cellule a engendré spontanément par elle-même la vie, il avait tort, et il se trompait en croyant que, *même actuellement,* il se forme des cellules organiques initiales : ceci est une question de fait; c'est l'observation seule qui peut démontrer s'il existe ou non, aujourd'hui, des cellules organiques initiales. Pasteur a expérimentalement prouvé qu'on n'assiste jamais à la création proprement dite d'un germe, qu'on trouve toujours des germes là où l'on trouve des animalcules; et que, si on purge de tout germe un volume d'air quelconque, on n'y trouve plus trace d'organismes vivants. Pasteur constate que présentement toute manifestation de vie présuppose l'existence d'un germe, d'une cellule organique; il se borne à cette constatation empirique, sans remonter par la pensée à l'origine des manifestations de la vie sur la terre; il n'y a rien dans sa doctrine qui s'oppose à la conception d'un principe de la vie antérieur à la structure cellulaire, pourvu qu'on n'en infère pas que, actuellement, la vie s'offre à l'observation en dehors de la cellule, sans germe préexistant.

Mais qu'est-ce que peut bien être ce principe de vie préexistant à tout organisme et contemporain des forces et des atomes reconnus par les physiciens et les chimistes? Il est certain que, si nous le concevons tel qu'il se révèle à nous par la conscience et par l'observation des plantes et surtout des animaux qui peuplent l'écorce terrestre actuelle, nous ne pourrons en même temps le concevoir coexistant avec la matière incandescente et dilatée de la terre primitive. L'animal est doué d'irritabilité et de sensibilité à divers degrés, et, pour ne parler que de cette dernière aptitude, nous savons qu'elle est aussi redoutable que bienfaisante. Si nous admettions que le principe de la vie, avant même d'avoir revêtu aucun organisme corporel, eût pu être sensible, à quel infernal supplice n'aurait-il pas été condamné au début de l'évolution terrestre! Mais rien ne nous oblige à cette supposition. Nous ne trouvons pas un exemple, sur notre planète, de sensation qui n'ait été précédée d'une impression interne ou externe exercée par le milieu sur un organisme. L'existence d'un système nerveux, si rudimentaire soit-il, d'une cellule nerveuse au moins, apparaît aux physiologistes comme la condition nécessaire de tout phénomène de sensibilité. Nous sommes donc en droit de considérer la vie, antérieurement à tout organisme corporel, comme n'ayant eu qu'une existence virtuelle, et son principe comme plongé dans l'inconscience. Cette conception est très conforme aux résultats de l'observation scientifique et même vulgaire, car nous voyons, depuis le végétal jusqu'à l'homme, la conscience s'éveiller graduellement chez les êtres organisés à mesure que leur système nerveux se perfectionne en se compliquant pour s'épanouir en cerveau.

Dans notre hypothèse il serait évidemment absurde de prétendre qu'avant la formation des organismes il n'existait aucune relation, aucune communication entre la vie virtuelle et son milieu terrestre, car nous concevons l'Univers comme un tout, dont aucune partie n'existe isolée, séparée entièrement des autres; un être ne se conçoit pas entouré de néant. Oui, sans doute, il y avait, même avant tout organisme corporel, quelque chose de commun, si peu que ce pût être, entre le principe de la vie et le milieu terrestre; mais cette communication ne suffisait pas à déterminer le moindre éveil de la conscience; elle ne constituait pas une *impression*.

Comment le principe de la vie devient-il impressionnable au milieu terrestre où il est engagé? Nous l'ignorons, mais il nous faut bien accepter les résultats de l'observation, et nous ne sommes pas tenu de résoudre tous les problèmes que nous rencontrerons.

C'est un fait que la plus haute, la plus éclatante manifestation de la vie, le phénomène de conscience est irréductible aux conditions et aux propriétés physico-chimiques, à l'étendue et à la pesanteur, par exemple. C'est un fait encore que, en dépit de cette irréductibilité, il y a communication entre les phénomènes de conscience et ceux de l'espace et de la matière pesante, puisque l'impression des objets physiques sur les nerfs détermine des états moraux, des sensations, et que des volitions déterminent des déplacements de matière. C'est un fait encore qu'on n'a pas trouvé un état moral, un phénomène de conscience qui ne fût déterminé par une impression interne ou externe. Que nous soyons capables ou non d'expliquer ces faits, d'en concevoir les relations intimes et profondes, ils n'en existent pas moins et s'imposent comme base à nos spéculations sur l'origine de la vie.

IV

Pour éviter une explication anti-scientifique de l'apparition de la vie sur la terre, pour n'avoir pas à admettre qu'elle y ait été créée brusquement (après le refroidissement superficiel de la terre) par une action directe, surnaturelle, ou bien qu'elle y ait été apportée, dans des germes tout formés, par quelque autre monde déjà peuplé rencontrant le nôtre refroidi, hypothèse qui transporte simplement la difficulté à cet autre monde, nous avons supposé que le principe de la vie a préexisté aux germes sur la terre, que c'est lui qui les a formés, qu'il a été contemporain des éléments terrestres dès l'origine de leur évolution cosmique.

Dans cette hypothèse, l'apparition du protoplasma à l'état amorphe, puis de la première cellule vivante, germe du premier végétal, s'explique par la tentative initiale du principe de la vie, dont l'activité avait été jusque-là impersonnelle, diffuse, latente et inconsciente, pour *s'individualiser en s'organisant*, c'est-à-dire pour spécialiser son action, la répartir dans une pluralité indéfinie d'unités corporelles, et arriver ainsi, de plus en plus, à la conscience, grâce à la formation progressive d'appareils de communication et d'échange avec le milieu terrestre, milieu dont le refroidissement permet désormais aux atomes de s'agréger et de servir de matériaux à des structures durables. L'organisme peut être considéré comme une condition de la sensibilité chez le principe de la vie, puisque toute sensation suppose une impression et toute impression un organe : c'est pour cela qu'il n'y a pas lieu de se demander quel a pu être l'effet de la température extrêmement élevée des éléments terrestres sur le principe de la vie antérieurement à l'apparition des formes végétales et animales. Cet effet a été nul, faute d'organisation. L'œuvre du principe de la vie n'existait encore qu'en *puissance* et non en *acte* (pour employer le langage d'Aristote) ; ce que nous avons appelé jusqu'à présent le principe de la vie, c'est précisément ce qui contient le monde vivant, c'est la vie en puissance, à *l'état virtuel*. Exister en puissance, ou exister à l'état virtuel, c'est la même chose; la seconde expression est l'équivalent moderne de la première. Les savants, d'ailleurs, retournent aujourd'hui au vocabulaire antique par l'emploi du mot : *potentiel (qui existe en puissance);* ils appliquent ce mot à la mécanique pour désigner le travail *que ferait une force si elle s'exerçait,* le travail qu'elle est donc capable de faire, *en puissance* de faire à un moment donné.

Or l'état d'une telle force qui agit sans que son action se traduise présentement dans le monde ambiant, dans l'espace, n'est-il pas tout à fait analogue à l'état du principe de la vie avant que celle-ci se manifestât dans le milieu terrestre par une impulsion et une forme données à la matière pesante, physique et chimique ? La vie alors était donc, à ce titre, un potentiel, une énergie potentielle, le travail d'organisation qu'une force dont nous ignorons la nature, mais dont nous constatons l'existence par ses effets, était capable de faire subir à la matière terrestre. La vie depuis lors est ce travail même progressivement opéré. Au fond, le potentiel des savants cache aussi un concept métaphysique : il désigne une chose dont la nature dépasse de beaucoup la portée des sens ; mais comme cette chose détermine des phénomènes (mouvement, vitesse, chocs, etc.) perceptibles aux sens et que sa puissance peut être mesurée par ses actes, cela suffit pour que les savants puissent la représenter par des nombres mesurant ses actes, et la faire entrer dans le calcul, dans les formules algébriques qui posent et résolvent les problèmes de la mécanique.

Si nous appelons *potentiel de vie* le travail d'organisation dont le germe est dépositaire, peut-être notre langage deviendra-t-il scientifique, nous ne prétendons pas qu'il en deviendra plus clair : l'objet désigné n'en restera pas moins métaphysique tout comme l'action, à l'état dit potentiel, des autres forces de la nature. Par exemple : pendant la chute d'un corps nous assistons au travail de la pesanteur, et le déplacement du corps dissimule en quelque sorte, parce qu'il est *visible*, la nature métaphysique de l'activité accumulée qui le détermine. Mais si la chute du corps est arrêtée par un obstacle, par le sol, il n'y a plus phénomène, le corps ne se meut plus *sans pourtant cesser de peser;* son poids même exprime l'accumulation du travail disponible de la pesanteur en lui; l'action de la pesanteur sur lui est devenue latente, elle ne se traduit plus dans l'espace par un déplacement; le potentiel de pesanteur, l'énergie seule subsiste, et, à coup sûr, rien n'est plus métaphysique que cette puissance sans acte perceptible. Mais ce potentiel, bien qu'indéfinissable dans son essence intime, est mesurable par l'espace que parcourrait en une seconde le corps, s'il pouvait suivre, et suivre exclusivement, l'impulsion contrariée; ce qu'il y a de métaphysique dans son essence est ainsi négligé sans inconvénient par le savant qui le mesure par ses effets et n'a besoin que de le mesurer. Le savant ne considère que les rapports des choses entre elles et ferme les yeux sur leur substance; c'est pourquoi il lui suffit de pouvoir mesurer, la mesure n'étant qu'un rapport. Fermer les yeux sur la substance, ce n'est ni l'affirmer ni la nier; il se contente de dire : J'ignore ce que c'est en soi que la pesanteur, l'affinité ou telle autre espèce de force, et je ne cherche pas à le savoir; j'en étudie les manifestations sensibles; les différences mesurables entre celles-ci me révèlent qu'il y a des différences dans les états impénétrables de leurs causes; mais je ne considère pas ces états, qui par leur nature intime relèvent de la métaphysique.

Le principe de la vie, dans notre hypothèse, est donc, au même titre que la pesanteur, une force révélée par ses effets, ou dont l'action existe à l'état potentiel avant de se manifester au dehors, dans le milieu terrestre. Nous rencontrons ici une objection que nous avons déjà pressentie et qu'il importe de détruire, car elle tend à ébranler toute notre théorie. Il y a bon nombre de savants (le plus grand nombre peut-être) qui n'admettent pas l'existence d'un principe de la vie distinct des forces physiques et chimiques. A vrai dire, la méthode scientifique exige qu'avant de supposer l'existence d'un type nouveau de force, on épuise tous les moyens d'expliquer les phénomènes par les forces irréductibles physiques et chimiques déjà connues. Pour ces savants-là le phénomène de la première cellule végétale a pu être déterminé par une rencontre heureuse d'éléments matériels et de forces mécaniques, sans qu'on soit autorisé à faire intervenir, pour le déterminer, une prétendue force nouvelle, spécialement affectée à la formation des organismes.

Certains cristaux, par exemple, présentent des configurations qu'on serait tenté d'attribuer à des principes plastiques, distincts des forces physiques et chimiques déjà connues, et qui cependant, selon ces savants, ressortissent uniquement à la mécanique des atomes et des molécules. Toute forme organique, selon eux, pourrait être considérée comme une sorte de cristallisation, difficile à formuler sans doute, mais à laquelle on n'a pas droit de substituer, à cause de cette difficulté seule, une construction faite par quelque force vitale irréductible aux forces connues.

Rien, à vrai dire, ne nous empêche de considérer la cristallisation, structure géométrique qui ne paraît être donnée par aucune propriété connue physico-chimique de chaque molécule composant le cristal, comme l'action plastique initiale du potentiel de vie sur la matière terrestre. Quoi qu'il en soit, l'objection que nous examinons est très sérieuse parce qu'elle repose sur un hommage à la vraie méthode scientifique; il ne faut pas multiplier les entités, il faut tâcher d'expliquer le plus de choses possible par le moins de principes possible. Mais, dans le cas dont il s'agit, procède-t-on vraiment par simplification quand on se condamne à admettre une quantité innombrable de rencontres tellement heureuses que non seulement la forme de chaque cellule initiale (germe de chaque espèce végétale ou animale) soit due au hasard, mais encore que le hasard préside périodiquement à la reproduction du même genre dans chaque adulte de chaque espèce distincte? N'est-il pas infiniment plus simple comme plus rationnel d'expliquer la première formation d'un germe par un acte du potentiel de vie, énergie d'une force distincte des autres forces déjà définies, dans le milieu physique et chimique, et d'expliquer la reproduction des germes identiques dans les adultes d'une espèce, pour la conservation de celle-ci et la multiplication des individus, par la persistance, dans chaque espèce, d'un même acte du potentiel de vie? Supposer que, après le refroidissement superficiel de la terre, les germes se soient spontanément formés par des arrangements fortuits d'atomes, c'est, non pas résoudre, mais escamoter le problème de l'apparition des formes organisées.

Bien que notre hypothèse soit moins invraisemblable et moins compliquée que celle de la génération accidentelle des premiers germes, elle laisse assurément subsister bien des problèmes sans solution. On pourra, dès lors, se demander quel est l'avantage d'une hypothèse qui laisse inexpliqués plus de faits problématiques qu'elle ne résout de difficultés. L'objection ne serait pas fondée. Les problèmes qui restent à résoudre dans l'hypothèse du potentiel de vie restent également à résoudre dans toute autre, car ils sont posés par les faits mêmes et non comme conséquences de cette hypothèse. Par exemple : nous ne comprenons pas et peut-être ignorerons-nous toujours comment s'opère la conjugaison des qualités paternelles et des qualités maternelles dans l'essence individuelle de l'enfant, en quoi consiste le fond substantiel de celle-ci. Ce fond est-il composé, tout comme l'essence, de deux apports distincts, celui du père et celui de la mère ? Question qui intéresse l'indivisibilité attribuée au principe spirituel, à l'*âme,* par la psychologie classique.

Il en est de même pour la génération de plusieurs individus par chacun de chaque espèce; jusqu'à présent, les physiologistes n'en ont pu donner une explication satisfaisante. Si l'on a pu démontrer qu'il existe des cellules spécialement héritières et dépositaires du type de l'espèce, on n'a pas pour cela expliqué le mode de division par lequel une même essence individuelle fournit une pluralité d'autres essences individuelles semblables à elle-même. L'hypothèse du potentiel de vie semble toutefois se prêter à l'aplanissement de cette difficulté, car elle permet de concevoir l'individu, non plus comme réduit, en quelque sorte, à ses propres ressources pour produire et multiplier des exemplaires de sa propre essence, mais comme rattaché au principe universel de la vie qui lui fournit indéfiniment, dans le présent et dans l'avenir, durant et après sa propre existence, ces exemplaires sans cesse modifiés par des croisements nouveaux. Mais, à vrai dire, ces vues sont bien vagues et bien conjecturales. Il y a, sans doute, des mystères qui marquent la limite de nos connaissances possibles; l'hypothèse fondée donne seulement la chance de reculer, sinon cette limite, du moins celle de nos connaissances actuelles. Nous ne pouvons prétendre tout expliquer; il nous suffit de réduire au minimum l'inexplicable.

C'est encore un fait certain, bien qu'incompréhensible pour nous, qu'il existe de l'activité inconsciente, non pas seulement dans l'ordre mécanique, mais bien aussi dans l'ordre psychique et surtout aux premiers échelons de la vie animale. Ce qu'on nomme un acte instinctif constitue un ensemble de directions combinées, que prend inconsciemment l'activité d'un individu vivant. Il en résulte qu'on peut sans absurdité supposer l'inconscience dans le principe de la vie au début de sa communication avec le milieu terrestre. Une initiative inconsciente semble tout d'abord contradictoire, et cependant la nature en offre mille exemples; lorsque nous marchons en pensant à autre chose que nos pas, l'habitude supplée en nous la réflexion; chaque pas nouveau suppose de notre part une initiative inconsciente. Peut-être l'hypothèse d'un potentiel de vie expliquerait-elle les œuvres surprenantes de l'instinct chez les animaux. Le mouvement irréfléchi, et d'autant plus sûr, qui opère la quête des aliments, la construction du gîte, les migrations, est peut-être, au fond, de même nature et de même origine que le mouvement évolutif et fonctionnel des organes. Le premier ne fait qu'étendre et compléter le second pour la conservation de l'individu et, par lui, de l'espèce. L'orientation infaillible que prend le vol d'une hirondelle émigrant, et l'orientation infaillible que prend, pour concourir à la structure organique de celle-ci, l'atome du grain qu'elle assimile pourraient bien ne pas différer essentiellement dans leur principe. Le premier de ces mouvements ne requiert pas de toute nécessité une cause propre et distincte; on peut admettre sans trop de témérité qu'il procède, comme le second et au même titre, du potentiel de vie inconsciemment mis en acte.

Ajoutons enfin que l'hypothèse d'un principe actif propre et d'un potentiel appliquée à la vie se concilie parfaitement avec le rôle attribué par les naturalistes à la lutte pour l'existence en morphologie, soit qu'ils accordent la prépondérance à ce facteur, soit qu'ils en limitent l'importance et refusent de l'étendre à la formation des espèces. Leur désaccord sur ce point intéresse, non pas la réalité du potentiel de vie, mais seulement son contenu, que nous ne prétendons pas déterminer. Nous allons signaler sommairement les relations de notre hypothèse avec la morphologie.

Le problème de la diversité des formes qui représentent la vie organisée est, à vrai dire, des plus déconcertants. Au point de vue le plus général, au point de vue métaphysique et originel, il est impossible à l'intelligence humaine de concevoir la raison d'une diversité, d'une différence quelconque dans l'*être*, ni, par suite, de la pluralité. L'être conçu comme nécessaire, absolu, existant par soi, satisfait pleinement l'esprit; l'esprit se repose dans ce concept comme dans l'œuvre la plus naturelle de sa fonction la plus haute. Mais le concept d'*unité* est corrélatif de ce concept de *nécessité*; on ne conçoit pas l'être nécessairement double ou triple; la multiplicité a quelque chose de contingent qui n'a point échappé à Spinoza. S'il y a mille milliards d'étoiles, il pourrait y en avoir une de plus ou une de moins sans que l'esprit y trouvât contradiction. Mais, dira-t-on, il ne peut pas y en avoir davantage parce que les données initiales de la mécanique céleste et ses lois ont déterminé ainsi le fonctionnement de la matière incandescente dans l'espace. C'est reculer la difficulté, car la quantité initiale de matière divisible apparaît arbitraire, irrationnelle à l'esprit; pourquoi pas un atome de plus ou de moins? L'esprit ne voit aucune nécessité dans le dosage des éléments primitifs de l'univers. Pas plus qu'il ne conçoit comme essentielle à la substance matérielle telle quantité plutôt que telle autre, il ne conçoit comme essentielle à la force agissante sur la matière telle intensité initiale plutôt que telle autre. Rien ne répugne plus à l'intelligence que d'introduire le caprice, ce qu'on nomme le *hasard*, dans l'explication des choses; le hasard n'étant que la part de l'inconnu dans la trame des événements, expliquer par le hasard, c'est, au fond, reconnaître qu'on ignore l'explication. Ainsi, d'un côté nous devons admettre qu'il n'y a rien de capricieux, d'aléatoire, dans les nombres qui régissent les phénomènes, c'est-à-dire que tous ces nombres sont infailliblement prédéterminés, autant dire nécessaires, et, d'un autre côté, nous n'en pouvons en aucune façon concevoir la nécessité, car il n'y a de nécessaire à une chose que ce sans quoi elle n'existerait pas. Or l'existence d'une chose n'implique pas qu'elle soit multiple, qu'elle existe à plusieurs exemplaires; la chose peut donc exister sans constituer un nombre.

L'être conçu nécessaire est par cela même conçu *un;* le commencement de la multiplicité apparaît donc comme sans raison. Plus tard il en est autrement, les nombres pourront être nécessairement déterminés par des conditions antécédentes; mais l'être est logiquement antérieur à ses accidents; or, avant tout accident, rien ne motive rationnellement la multiplicité de l'être, non plus que la multiplicité dans l'être, autrement dit la différenciation, la variété. De là vient que Dieu est nécessairement unique pour le théologien qui détermine la nature divine par la seule raison. Le polythéisme ne pouvait être un fruit de la raison, il est né de l'imagination. La raison trouve donc une impossibilité radicale à concevoir et à expliquer l'origine de la multiplicité et de la diversité dans la nature. C'est pourtant à ce problème que semblerait s'être attaqué Darwin, d'après le titre de son livre fameux : *l'Origine des espèces*. En réalité il n'en a considéré que l'origine empirique, c'est-à-dire la filiation régressive jusqu'à la moindre division possible de la souche commune, sans prétendre en formuler scientifiquement l'origine rationnelle qui est métaphysique. Il a été surpris de la prodigieuse diversité des formes vivantes, et, au lieu de se contenter de les classer par genres, espèces et variétés, ce qui est un moyen de les distinguer et de les reconnaître, mais n'apprend rien de leur genèse, il a tenté de découvrir de quelle façon s'est opérée celle-ci.

Il n'a pas considéré comme explicative la commode affirmation de la Bible, à savoir que chaque espèce a été créée séparément, une fois pour toutes, aussitôt que la terre a été habitable. Remarquons toutefois qu'il ne répugne pas plus à la raison d'admettre cette création immédiate de toutes les différentes espèces, que d'admettre la plus simple différenciation originelle dans l'unité initiale de l'être. Il est aussi difficile à la raison de motiver et d'expliquer cette minime variation, même supposée infiniment petite, dans l'être, conçu nécessaire, que de se rendre compte de la multiplicité innombrable des variations appelées *espèces,* qui procède de ce même être nécessaire. Il n'en est pas moins vrai que Darwin a témoigné d'un grand esprit scientifique dans sa tentative, car la science se donne pour mission, non de révéler les causes premières, mais d'expliquer la diversité des phénomènes par le moindre nombre possible de causes prochaines; si donc il est vraisemblable que deux espèces différentes d'animaux aient une souche commune, il est du devoir des naturalistes de s'en préoccuper et de rechercher quelle peut bien être cette souche. Darwin n'est pas parvenu à ramener toutes les espèces à une souche unique, toutes les formes vivantes à une forme initiale unique qui se serait progressivement compliquée et perfectionnée, mais il a mis en relief et en évidence, avec une admirable sagacité, les divers procédés par lesquels a pu s'effectuer la diversité des formes organiques jusqu'à leurs types spécifiques actuels, qui nous semblent désormais fixés, bien qu'ils soient peut-être encore en voie de transformation, car les modifications de structure organique sont excessivement lentes. Sa doctrine pressentie, fondée même par Lamarck, puis épousée et approfondie par d'autres grands penseurs, n'est cependant pas encore devenue incontestable et nous n'avons nulle compétence spéciale pour nous prononcer en pareille matière, quelle que soit notre inclination. Cette doctrine a pris le nom de transformisme. L'agent principal des transformations est la sélection naturelle, c'est-à-dire le choix que, spontanément et fatalement, la lutte pour l'existence, la concurrence vitale, fait entre les organismes. Ceux qui survivent sont les plus résistants, et leurs moindres avantages sur les organismes rivaux tendent à s'accuser, à se développer, et à constituer des modifications durables de structure transmises aux descendants et fixées en ceux-ci par l'hérédité. Le système de Darwin est d'ailleurs connu de nos lecteurs; nous nous bornons à cette brève indication qui suffit à notre objet. L'hypothèse d'un principe et d'un potentiel de vie précédant l'apparition des formes vivantes sur l'écorce terrestre et contemporains des autres forces originelles qui ont fait l'évolution terrestre (pesanteur, chaleur, affinités chimiques, cohésion, etc.), cette hypothèse sans favoriser spécialement celle du transformisme s'y adapte et n'en saurait compromettre la vraisemblance.

C'est la vie, en effet, à l'état purement virtuel, en puissance, c'est le potentiel de vie, qui est tenu de fournir progressivement toute l'activité vitale, toute l'*initiative* d'organisation dont la multitude des plantes et des animaux témoigne sur la terre. Pour satisfaire à l'hypothèse de Darwin, nous pouvons tout de suite admettre que l'incalculable diversité des formes vivantes n'est nullement impliquée dans le potentiel de vie. Ces formes, dans leur évolution séculaire, depuis la première cellule végétale jusqu'à l'homme, ont été déterminées par le concours de nombreux facteurs: le potentiel de vie a été seulement l'un d'eux, celui qui a construit la forme vivante initiale, la cellule végétale et a mis en branle, dès le refroidissement suffisant de la terre, la lutte de cette forme avec son milieu et avec des similaires dans le même milieu. Pour aider à concevoir les rôles respectifs du potentiel de vie et des forces qu'il a rencontrées dans le milieu terrestre, pour mesurer la part de ce potentiel et celle de ces forces dans l'organisation des êtres vivants, végétaux et animaux, un exemple peut-être n'est pas inutile. Qu'on suppose, sur un billard, une bille lancée dans une certaine direction. La propulsion de la bille représentera l'essor initial du potentiel de vie se manifestant dans l'espace, agissant sur l'atome matériel, et l'élasticité des bandes qu'elle rencontre représentera la résistance que, dans certaines directions, rencontre cet essor. La ligne brisée engendrée par le déplacement de la bille représentera la forme organique déterminée par le concours du potentiel de vie et des forces du milieu. La comparaison est très lointaine, mais on peut la rapprocher d'une similitude en supposant que l'impulsion initiale donnée à la bille, au lieu d'être simplement rectiligne, implique une composition de forces et, par suite, une trajectoire courbe, par exemple, — ce que les joueurs de billard appellent un effet, — car il se peut que le potentiel de vie, pour construire la cellule, implique une composition de forces, qu'il ne soit pas simple. Nous ignorons ce qui le constitue, mais, quel qu'il puisse être, l'énergie dont il est dépositaire, en tant que plastique, c'est-à-dire en tant qu'elle se crée ses organes avec les matériaux que lui offre son milieu, n'opère pas sur tous indistinctement, mais en adapte certains à sa communication avec le monde extérieur et, pour se les approprier, doit les dégager du sol, de l'eau, de l'air, et les disputer à la pesanteur. La forme organique est ainsi conquise sur le milieu par la virtualité plastique du germe, et, à ce titre, elle est toujours le résultat d'une lutte pour l'existence, si infime soit-elle. Une graine qui germe, et par là commence la construction du végétal, réagit en présence des forces physiques et chimiques contenues dans le sol, mais par cette réaction même elle les asservit et les emploie à son œuvre.

Faisons abstraction de toutes les différences de structure attribuables à l'adaptation de la forme initiale aux diverses conditions qu'elle rencontre dans les divers milieux terrestres, dans le sol, dans l'eau, dans l'air, nous arriverons à isoler cette forme-type impliquée dans le potentiel de vie, c'est-à-dire prescrite par lui seul à son organisation en quelque sorte *idéale*. Cette forme-type, doit-on la concevoir unique ou doit-on admettre qu'elle est multiple, que, par exemple, dès le refroidissement suffisant de la terre, le potentiel de vie a inauguré son organisation simultanément en plusieurs points de l'écorce terrestre d'après un modèle unique ou d'après plusieurs modèles ? Cette recherche est stérile : trop de notions nous échappent sur l'état primitif de l'écorce terrestre et nous ne pouvons que conjecturer la nature du potentiel de vie. La seule chose que nous puissions inférer avec quelque sécurité, c'est que les premières formes vivantes ont été peu nombreuses, nullement capricieuses, mais construites par le potentiel de vie selon la loi même de son activité et modifiées selon les indications mêmes de l'état du milieu terrestre, de sorte que la vie s'y manifestât dans les meilleures conditions alors possibles en un point donné de l'écorce terrestre. Que devons-nous entendre ici par les meilleures conditions possibles ? Sans doute celles qui permettaient à la conscience de sortir de l'obscurité complète, pour poindre autant que possible, et ce devait être une lueur infiniment faible au début. Le régime des climats s'est peu à peu fixé, et l'adaptation des organismes aux climats s'est en même temps perfectionnée par tous les avantages que la concurrence vitale et la lutte pour l'existence mettaient en relief et en valeur et que fixait l'hérédité dans chaque génération de formes organiques.

La vie encore à l'état virtuel, le potentiel de vie, quand il eut rencontré, par suite du refroidissement de la terre, des conditions favorables à son organisation, c'est-à-dire à sa mise en communication avec le milieu terrestre, s'y manifesta sous une forme d'abord extrêmement simple. Il y a lieu de supposer que le premier éveil de la conscience sur la terre date ou, du moins, fut très rapproché de cette première formation organique, la plus élémentaire de toutes, mais que cet éveil fut infiniment voisin de l'inconscience, fut à peine analogue à l'état intermédiaire entre le sommeil absolu et le rêve, — état moins conscient même que le plus léger songe. — Il y a lieu de supposer aussi que l'éveil de la conscience sur la terre est devenu de moins en moins obscur, de plus en plus net jusqu'à la conscience réfléchie qui prononce « moi » dans le cerveau de l'homme, à mesure que l'organisation du potentiel de vie est devenue plus complète, plus appropriée à l'essence intime de la vie même, de manière à permettre le plus d'impression possible sur la sensibilité virtuelle par la division croissante du travail de communication entre le principe de la vie et son milieu terrestre, en d'autres termes, par la multiplicité croissante des organes de relations.

La sensibilité! N'est-ce pas au moment où elle se manifeste que l'évolution commence à pouvoir s'appeler *progrès* dans l'acception de tendance au mieux? Supprimons en effet toute sensibilité, du même coup le mot *bien* perd toute signification;

non seulement disparaissent les satisfactions inférieures de tous genres, mais encore le sacrifice devenant sans matière, le bien moral, la *dignité* disparaît de même. Sur notre planète, c'est la sensibilité physique et morale qui est la raison d'être et le moteur du progrès, et qui le mesure. On comprend que, dans ces considérations tout incidentes, nous n'entreprenions pas de démontrer que le sentiment de la dignité, comme celui du libre arbitre, est autre chose qu'une illusion. L'objet de cette étude étant spécialement l'origine de la vie, nous nous y tenons. Ce problème qui, domine la métaphysique de notre planète suffit à confondre nos forces et nous l'avons abordé beaucoup moins dans le téméraire espoir de le résoudre que par débauche intellectuelle sous l'invincible attrait du mystère.

Achevé d'imprimer

le vingt-trois octobre mil huit cent quatre-vingt-quinze

PAR

ALPHONSE LEMERRE

25, RUE DES GRANDS-AUGUSTINS, 25

A PARIS

ŒUVRES COMPLÈTES
DE
SULLY PRUDHOMME

ÉDITION IN-18 JÉSUS

Les Épreuves. 1 vol.	3 fr.	»
Les Solitudes. 1 vol.	3	»
Le Premier Livre de Lucrèce. 1 vol. (traduction nouvelle en vers)	3	»
Les Vaines Tendresses. 1 vol.	3	»
La Justice, poème. 1 vol.	3	»
Les Destins, poème. 1 vol.	1	»
La Révolte des Fleurs. 1 vol.	1	»
La France, sonnets. 1 vol.	1	»
Le Prisme. 1 vol.	3	»
Le Bonheur. 1 vol.	3	»
Discours de réception à l'Académie française. 1 vol. in-18 jésus	1	»
Réflexions sur l'Art des Vers. 1 vol. in-18 jésus.	2	»
Que sais-je ? 1 vol.	3	50

ÉDITION ELZÉVIRIENNE
Volumes in-12 couronne, imprimés en caractères antiques sur papier teinté

Poésies — (1865-1866) — *Stances et Poèmes*, 1 vol. avec portrait de l'auteur gravé par Rajon	6 fr.	»
Poésies — (1866-1872) — *Les Épreuves. — Les Écuries d'Augias. — Croquis italiens. — Les Solitudes. — Impressions de la guerre.* 1 vol	6	»
Poésies — (1872-1878) — *Les Vaines Tendresses. — La France. — La Révolte des Fleurs. — Poésies diverses. — Les Destins. — Le Zénith.* 1 vol.	6	»
Poésies — (1878-1879) — *Lucrèce, de la Nature des choses*, 1er livre. — *La Justice.* — 1 vol. . . .	6	»
Poésies (1879-1888) — *Le Prisme. — Le Bonheur.* 1 v.	6	»

ÉDITION EN 4 VOLUMES IN-8°

Tome Ier. — *Stances et Poèmes. — Les Épreuves. — Les Écuries d'Augias. — Croquis italiens.* 1 vol. . . .	7	50
Tome II. — *Les Solitudes. — Impressions de la Guerre. — Les Vaines Tendresses. — La France. — La Révolte des Fleurs. — Poésies diverses. — Les Destins. — Le Zénith.* 1 vol.	7	50
Tome III. — *Lucrèce, de la Nature des choses*, 1er livre. — *La Justice.* 1 vol.	7	50
Tome IV. — *L'Expression dans les Beaux-Arts.* 1 vol. .	7	50

Paris. — Imp. A. Lemerre, 25, rue des Grands-Augustins. — 4.-2469.

www.ingramcontent.com/pod-product-compliance
Lightning Source LLC
Chambersburg PA
CBHW071142160426
43196CB00011B/1976